经管文库·经济类
前沿·学术·经典

农业生产服务方式选择与粮农生产效率提升路径研究

AGRICULTURAL PRODUCTIVE SERVICE MODE SELECTION AND PRODUCTION EFFICIENCY OF GRAIN FARMERS

于福波 著

经济管理出版社
ECONOMY & MANAGEMENT PUBLISHING HOUSE

图书在版编目（CIP）数据

农业生产服务方式选择与粮农生产效率提升路径研究/于福波著．—北京：经济管理出版社，2023.10
ISBN 978-7-5096-9426-8

Ⅰ.①农… Ⅱ.①于… Ⅲ.①农业生产—生产服务—影响—粮食工业—生产效率—研究—中国 Ⅳ.①F326.11

中国国家版本馆 CIP 数据核字（2023）第 215347 号

组稿编辑：赵天宇
责任编辑：赵天宇
责任印制：许　艳
责任校对：王淑卿

出版发行：经济管理出版社
　　　　　（北京市海淀区北蜂窝 8 号中雅大厦 A 座 11 层　100038）
网　　址：www.E-mp.com.cn
电　　话：(010) 51915602
印　　刷：唐山玺诚印务有限公司
经　　销：新华书店
开　　本：720mm×1000mm/16
印　　张：12.75
字　　数：200 千字
版　　次：2023 年 11 月第 1 版　2023 年 11 月第 1 次印刷
书　　号：ISBN 978-7-5096-9426-8
定　　价：88.00 元

·版权所有　翻印必究·
凡购本社图书，如有印装错误，由本社发行部负责调换。
联系地址：北京市海淀区北蜂窝 8 号中雅大厦 11 层
电话：(010) 68022974　邮编：100038

前 言

农户家庭是农业生产最基本的组织单元，家庭内部经营的自我服务方式也是占据主导地位的农业生产服务方式。但是，自家庭联产承包责任制改革以来，在工业化、城市化的冲击下，农业生产要素短期内发生剧烈变动，农业生产服务方式也随之发生明显分化，家庭内部经营和生产环节外包经营已经成为农户农业生产的两种主要服务方式。其中，前者属于依靠购买机械等要素的自我服务方式，后者属于购买机械等要素服务的社会化服务方式。农业生产服务方式的分化，也进一步引发了关于农业规模经营路径的争议。在前一种情况下，土地经营规模势必是提高农业生产效率的必要条件，如果土地经营规模小，购买机械等要素的经营成本必定高企。因此，通过土地流转实现家庭土地经营规模的扩大被视为农业规模经营的必由之路。然而，近年来在农地流转市场"失灵"的情况下，以农户家庭内部经营为基础，借由农地流转集中经营的"农地规模经营论"受到严峻挑战。与此相对应的是，以农户家庭生产环节外包经营为基础，借由农业生产性服务实现农业规模经营的"农地服务规模经营论"日益受到理论界和政策制定者的关注。

本书主要探讨两个问题：第一，在农业产中环节，相对于家庭内部经营，农户生产环节外包经营更加具有效率优势吗？第二，农业生产性服务支持政策可以提升粮农生产效率吗？针对上述问题，经典的劳动分工理论的回答是肯定的，其理由是，相对于农户家庭内部经营，农业家庭间的生产分工和专业化可以有效提升劳动生产效率。然而，理论上在农地经营权不变的前提下，虽然农业生产服务供给者可以通过提供生产性服务将农户联系在一起，实现农业服务规模经济，但是，在交易过程中，农户与生产服务供给主体间可能因搜寻成本、讨价还价成本等过高的交易成本造成生产效率损失。同时，农户也可能因生产服务供给主体的差别化定价、垄断定价的风险造成生产效率损失。不仅如此，劳动分工理论的解释还忽略了这样一个事实：农户家庭内部经营可以进一步区分为传统自营和机械自营两种方式。一方面，相对于机械自营，生产环节外包经营的效率优势主要体现在劳动分工效应；另一方面，相对于传统自营，生产环节外包经营的效率优势则不仅体现在劳动分工效应上，同时也体现在技术进步上。这就造成劳动分工理论对家庭内部经营与生产环节外包经营两种方式生产效率差异解释的不完全性。此外，在政策瞄准方面，借由劳动分工理论的支撑，当前农业生产服务支持政策过度关注农地服务市场的发育，这一政策导向可能加剧农地流转市场的"扭曲"，推高农地地租，并造成农业生产效率损失。面对以上不足，本书的研究贡献主要体现在以下几个方面：

第一，在理论方面，将农业家庭内部经营方式区分为传统自营和机械自营两种方式，进一步在劳动分工和委托代理框架下，讨论了机械自营和生产环节外包经营的生产效率差异。此外，在技术进步和劳动分工框架下，讨论了传统自营和生产环节外包经营的生产效率差异。

第二，在内容方面，将农业家庭内部经营的两种方式，以及两种方式分别与生产环节外包经营的效率差异进行了实证考察。

第三，在公共政策方面，从农地服务市场发育和农地流转市场发育互动视角，进一步探究农业生产服务支持政策的未来导向。

本书得出的基本结论如下：

（1）在总体农户层面，农业生产服务方式选择之间的效率差异主要由户均农业机械资本决定。其一，相对于传统自营，机械自营和生产环节外包经营对粮农生产效率存在显著正向影响。这意味着粮食机械化生产所带来的农业生产资本—劳动比率上升或资本对劳动的替代是粮农生产效率提升的主要原因。其二，相对于机械自营，生产环节外包经营对粮农生产效率不存在显著影响。这意味着，在其他条件不变的情况下，无论是使用自有农业机械设备，还是购买机械化服务，这两者之间并不存在显著的生产效率差异。换言之，在户均农业机械资本水平相同的条件下，投资自有机械和购买农业机械服务具有相同的生产效率。总之，生产环节外包经营虽然可以因劳动分工效应而带来农户生产效率提升，但是生产环节外包经营本质上是一种市场交易，市场交易必然产生市场交易费用，因此不得不面对"分工经济与交易效率的两难冲突"。

（2）在不同规模农户层面，农业生产服务方式选择之间的效率差异由规模偏向和户均机械资本共同决定。其一，在中等及以上规模，相对于传统自营，机械自营和生产环节外包经营均对粮农生产效率存在显著正向影响。这意味着粮食机械化生产所带来的农业生产资本—劳动比率上升或资本对劳动的替代效应均具有一定的规模偏向，且偏向较大规模。其二，在不同规模和不同区域，相对于机械自营，生产环节外包经营对粮农生产效率不存在显著影响。这意味着，无论是使用自有农业机械设备，还是购买机械化服务，这两者之间并不存在显著的生产效率差异。换言之，在户均农业机械资本水平相同的条件下，投资自有机械和购买农业机械服务具有相同的生产效率，且不会随着经营规模和经营条件的变化发生显著差异。

（3）在农业生产政策层面，农业服务支持政策的干预对粮农生产效率具有负面影响。其一，相比于没有农业生产性服务试点的对照组省份，实施农业生产服务政策对试验组粮农生产效率存在显著负向影响。在采用安慰剂检验后，上述结论依然成立。其二，农业生产性服务政策对中等以及以上规模的粮农生产效率存在显著负向影响。其三，农业生产性服务政策对粮食主产区的粮农生产效率存在显著负向影响。其四，从农地服务市场和农地流转市场发育互动着眼，农业生产性服务政策对农地流转市场发育可能存在扭曲作用，主要表现为农业生产性服务政策会促进规模经营户流入土地，从而改变土地流转市场的供求关系，推动土地流转租金上涨。进一步而言，土地流转租金上涨将会提升农业生产成本，从而造成整体粮农生产效率下降。这也可以解释为，农业生产性服务政策对以租金为手段的规模经营户粮农的生产效率产生负向影响。

目 录

第一章 导 论 ·· 1

    第一节 研究背景与问题提出 ·· 1

    第二节 研究目标与研究意义 ·· 6

    第三节 研究思路与研究内容 ·· 9

    第四节 研究数据与研究方法 ·· 11

    第五节 研究创新与研究不足 ·· 13

第二章 文献综述与理论借鉴 ··· 15

    第一节 文献综述 ·· 15

    第二节 理论借鉴 ·· 49

第三章 概念界定与理论分析 ··· 57

    第一节 概念界定 ·· 57

    第二节 农业生产服务方式的分化机理阐释 ··························· 62

    第三节 农业生产服务方式选择的效率差异机制分析 ············· 65

第四章　农业生产服务方式政策演化与粮农生产效率分布特征 …… 72

第一节　引言 …… 72
第二节　农业生产服务方式政策演变 …… 73
第三节　粮农生产效率测算及分布特征 …… 86
第四节　本章小结 …… 105

第五章　农业生产服务方式选择与粮农生产效率：总体考察 …… 107

第一节　引言 …… 107
第二节　实证研究设计 …… 108
第三节　基准回归结果分析 …… 114
第四节　内生性处理与稳健性分析 …… 119
第五节　本章小结 …… 126

第六章　农业生产服务方式选择与粮农生产效率：异质性考察 …… 127

第一节　引言 …… 127
第二节　描述性统计分析 …… 128
第三节　异质性考察结果分析 …… 134
第四节　内生性处理与稳健性分析 …… 145
第五节　本章小结 …… 148

第七章　农业生产服务方式选择与粮农生产效率：政策评估 …… 149

第一节　引言 …… 149
第二节　实证研究设计 …… 152
第三节　政策评估结果分析 …… 155
第四节　异质性考察 …… 158
第五节　机制分析 …… 161

第六节　本章小结 …………………………………………… 164

第八章　研究结论与政策启示 …………………………………… 166
　　第一节　研究结论 …………………………………………… 166
　　第二节　政策启示 …………………………………………… 168

参考文献 ……………………………………………………………… 173

后　记 ………………………………………………………………… 194

第一章 导　论

第一节　研究背景与问题提出

一、研究背景

1. 实现农业现代化，农业家庭经营方式转型是关键

自中华人民共和国成立以来，围绕农业生产资料产权归属问题，我国农业经营体制历经了数次变迁，从最开始的"产权私有"的农民个体经营，到后来的产权"三级所有"的集体经营；最终在产权"三级所有"的基础上，形成了以家庭经营为基础的双层经营体制和多元经营体制（董志勇和李成明，2019）。然而，农业家庭经营形式主导下的农业现代化正面临严峻挑战。图1-1呈现了1961~2016年中国农业生产总值增长率变化趋势。从图中可以看出，中国农业生产总值增长率历经了1961~1976年的下降、1977~1988年的上升、1989年至今的下降，共三个不同阶段。同时可以看出，1978年家庭经营地位重新确立的前后数十年间，农业生产总值增长率历经了较快的增长，最高的年份维持在5%之上。然而，自1989年至今，农业增长速度呈现出逐

步滑落趋势。截至 2016 年,农业增长速度仅为 2%左右,而且进一步呈现出滑落趋势,这为实现农业现代化带来进一步挑战。因此,在坚持家庭经营主体地位的前提下,实现农业农村现代化,必须通过有效的制度机制设计和体制机制改革促进农业家庭经营方式的转型与升级。

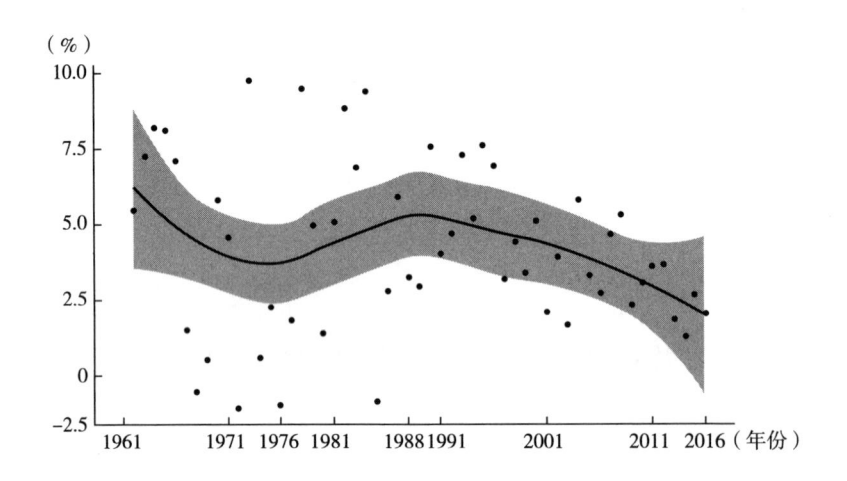

图 1-1　1961~2016 年中国农业生产总值增长率

资料来源:美国农业部官网。

2. 推进农业家庭经营方式转型,提升农业生产率是核心

土地小规模农户经营不仅是中国农业经营的首要方式,也是中国农业发展必须长期面对的现实。据调查,当前中国登记农户数量为 2.3 亿户,其中土地小规模农户多达 2.26 亿户,农业规模经营户仅 398 万户①。在此背景下,努力提高小农户的农业生产效率不仅是实现农业现代化的关键举措,也是推进农业家庭经营方式转型的核心(张晓山,2019)。

从图 1-2 的散点图可以看出,1961~2016 年,中国农业 GDP 增长率与农业全要素生产率(Total Factor Productivity,TFP)增长率之间呈现出明显的

---

① 资料来源于《第三次全国农业普查公报》。

正相关关系，这表明提高农业生产率对促进中国农业总产值增长具有显著作用。但是，不同国家的农业生产率的提升途径可能存在着本质差别。正如诱致性技术变迁理论所指出，以日本为代表的"人多地少"的亚洲发达国家，其可以通过农药、化肥等"土地节约型"技术进步，促进农业生产率提升和现代农业发展；而以美国为代表的"人少地多"的欧美发达国家，可以通过农业机械等"劳动节约型"技术进步，实现增产目标。因此，对于中国而言，通过技术进步或其他有效途径提升农业生产率，理应是家庭经营方式转型和现代农业发展的核心所在。

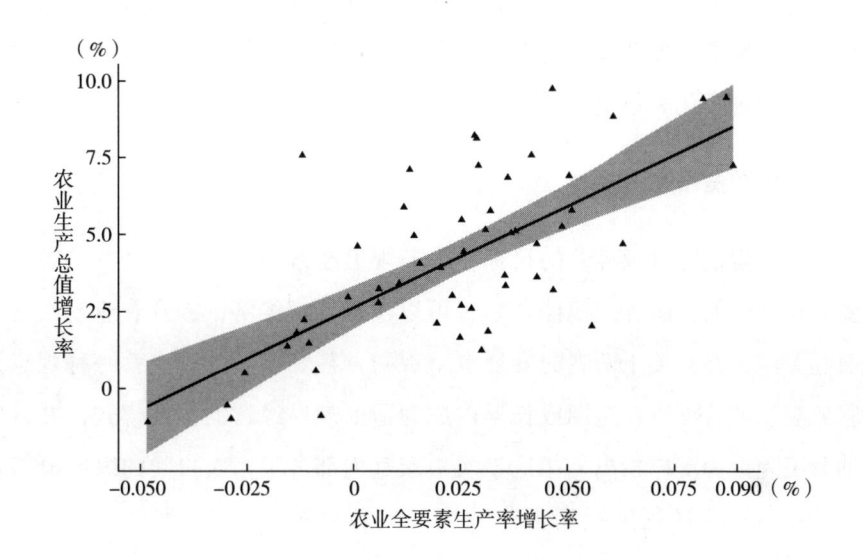

图 1-2 散点图、拟合曲线与 95% 的置信区间

资料来源：美国农业部官网。

3. 提升农业生产效率，"土地"和"服务"规模经营是重要举措

经营规模过小被视为中国农业面临诸多问题的根源，而适度规模经营被视为农业现代化的必经之路（刘汉成和关江华，2019）。在适度规模经营的实现方式方面，土地规模经营一直被视为主要方式，具体包括农户间土地流转、合作社的土地集中以及工商企业租赁等主要形式（何秀荣，2016）。但

是，由于各种原因的共同作用，中国农地流转市场发生严重"失灵"。尽管从1984年开始，政策层面就开始注重农地流转的重要性，但是经过30多年的努力，土地分散的局面并没有得到解决（罗必良，2016）。在此背景下，服务规模经营日益受到关注。服务规模经营本质上是农户间的劳动分工，主张在农户经营权、产权细分的基础上，通过服务主体提供的规模化服务，促进农业规模化经营（罗必良，2017）。总体而言，以上两种规模化经营方式被视为实现农业规模经济或农业生产效率提升的两种重要手段。不同的是，土地规模经营的本质在于在坚持家庭内部经营的基础上，依赖土地等农业生产资料的聚集实现规模经济；而服务规模经营的本质在于在维持家庭内部经营规模的基础上，推动家庭内部经营走向生产环节外包经营，借助生产服务供给主体的规模化服务供给实现规模经济。

二、问题提出

为了实现适度规模经营的目标，服务规模经营和土地规模经营已经成为重要共识。然而，服务规模经营是否可以实现规模经济，提升农业生产效率却引起关注，并且关于两者的发展也呈现两种截然不同的观点：一种观点认为服务规模经营可以在短期或长期内成为适度规模经营的主要模式，并且以劳动分工理论为支撑指出，相比于农户家庭内部分工，农户间的纵向分工可以通过提高专业化程度提高生产效率（胡新艳等，2015；罗必良，2016）。另一种观点则对此持怀疑甚至反对观点，认为在农业生产效率上服务规模经营存在以下弊端：第一，农业机械的"假不可分性"[①]与过高的交易成本。蔡昉和王美艳（2016）指出，虽然农户可以不必自购农机而是转而购买农机服务，但是过高的交易费用将会对农业生产效率形成制约。一是户均土地规模小和地块分散会限制农机服务的使用，降低大型农机的使用效率；二是农户种植多样化的特点，会导致相邻地块的农户间产生高昂的谈判成本，带来

[①] 舒尔茨认为，劳动、机械等生产要素的不可分性在农业中是不存在的，即"假不可分性"。蔡昉和王美艳（2016）所指的农机具有"假不可分性"，即农户不必自购农机，而是购买农机服务。

较高的农机服务的交易费用,从而造成生产效率损失。第二,农业生产性服务对传统农业的"变相支持"。董欢和郭晓鸣(2014)指出,农业生产性服务的介入必须以农业内部生产条件的完善和城乡要素平等流动、社会保障制度"并轨"为前提。否则,农业生产性服务的介入只是在劳动力成本上升的背景下,机械对劳动的简单替代;而且,这一替代可能对农户分散小规模经营形成变相支持,甚至加剧粗放经营。第三,农业生产环节外包服务与"农地地租"上涨。康晨等(2020)指出,农业生产环节外包服务会改变土地流转市场的供求关系,导致农地"供不应求",从而推高地租,提高农业生产成本,由此可造成生产效率的损失。

上述研究对于进一步研究农业生产服务方式选择对粮农生产效率的影响提供了启发性的思考:一是未来究竟应该同时走以家庭内部经营为基础,依靠土地流转的适度规模经营道路,以及以生产环节外包为基础,依靠农业生产性服务的适度规模经营道路,还是偏重其中一方?二是农业生产性服务政策在未来应该同时偏重农机社会化服务补贴(大型农机补贴)和自购农机补贴(中小型农机补贴),还是偏重其中一方?三是农地服务市场的政策干预是否会加剧农地流转市场的"扭曲",进而影响农业生产效率?

为了回答上述宏观问题,本书从农业生产服务方式与农户生产效率的微观作用机制入手,将科学问题提炼如下:

问题一:在农业产中环节,家庭内部经营方式(传统自营和机械自营)之间,以及家庭内部经营和生产环节外包经营之间是否存在效率差异?

问题二:对于不同经营规模而言,家庭内部经营方式(传统自营和机械自营)之间,以及家庭内部经营和生产环节外包经营之间是否存在效率差异?

问题三:对于粮食主产区和非粮食主产区而言,家庭内部经营方式(传统自营和机械自营)之间,以及家庭内部经营和生产环节外包经营之间是否存在效率差异?

问题四:如果考虑农地服务市场和农地流转市场的互动,农业生产性服务政策可以提升农户的生产效率吗?

第二节 研究目标与研究意义

一、研究目标

随着土地产权制度改革的深入，农业要素市场得以不断发育，而且农户也不断分化，农业生产服务方式逐渐从依靠家庭劳动力和部分雇工劳动力的传统自营方式，演进为传统自营与购买机械服务自营、生产外包经营等混合共存的方式。农业生产服务方式如何影响农业家庭生产效率是本书主要的研究目标，具体研究目标如下：

研究目标一：以 Trans-Log 生产函数及其拓展模型为理论基础选择粮食种植农户生产投入和产出指标，并以技术效率作为测度指标采用 SFA 模型测度粮农的生产效率，在此基础上分析粮农生产效率的总体变动情况。

研究目标二：在农业家庭生产效率测度的基础上，进一步依据农业劳动分工和委托代理理论，实证分析农业生产服务方式选择对粮农生产效率的影响。

研究目标三：基于粮食功能区视角，分析农业生产服务方式选择对粮农生产效率的影响，探究不同区域的粮农生产服务方式的效率差异。

研究目标四：基于农地经营规模视角，分析农业生产服务方式选择对粮农生产效率的影响，探究不同规模粮农生产服务方式的效率差异。

研究目标五：基于农地服务市场和农地流转市场互动视角，分析农业生产服务政策对粮农生产效率的影响。

二、研究意义

1. 理论意义

理论意义体现在样本代表性、数据质量及识别方法三个方面。比较农业家庭内部经营和农业生产环节外包经营两种农业生产服务方式对生产效率的影响，不仅需要基于全国代表性数据，而且需要在识别方法上做出突破，只有如此才能准确估算影响大小并引申出可供参考的政策含义。第一，针对该问题的研究所采用的数据大多来自特定区域或特定农作物品种，如水稻、油菜等。第二，多数研究测度了农业生产环节外包经营程度的效率，但缺少不同服务方式之间的比较，其结论多在大程度上可推广到全国存在疑问。第三，在识别方法上，现有研究多基于截面数据的最小二乘法（OLS）估计，该方法在存在遗漏变量和测量误差时，无法获得一致性估计结果，因而所得到的政策含义需谨慎对待。综上所述，本书的理论意义（或学术意义）具体体现如下：

（1）采用全国层面的微观农户面板数据，弥补已有研究的不足。当前虽然部分研究针对该问题进行了考察，但在系统梳理文献后发现，现有研究多以区域性水稻或油菜等单种作物为样本截面数据的研究，其结论的外部有效性值得进一步商榷，由此得到的结论及其政策含义也应谨慎对待。在上述研究的基础上，本书利用全国范围的微观农户数据进行实证考察，并重点分析对不同规模和粮食功能区农户的差异性影响。本书使用的是中国农村家庭的追踪调查数据（China Rural Household Panel Survey，CRHPS），该数据由浙江大学与西南财经大学的合作数据联合提供，在全国的村镇层面具有典型代表性，其农村家庭样本相关变量所涉及的家庭基本结构、农业生产经营投入产出以及粮食作物种植农户生产环节外包有关数据，与本书有较好的契合度。与现有研究相比，本书在数据选择上可以较好地弥补现有研究的不足，得到的结论也将更具代表性和一般意义。

（2）利用工具变量法识别因果关系，有助于得到稳健的估计结果。农业生产服务方式选择和粮农生产效率之间的因果联系识别面临如下三个挑战：一是测量偏误问题，由于被访问人员虚报、瞒报家庭信息等原因造成测量误差，核心变量——农业生产服务可能因此而产生内生性问题。二是遗漏变量问题，影响农业家庭生产效率的因素众多，采用传统的估计方法难以避免遗漏变量的问题。三是联立因果问题，农业生产服务方式与家庭生产效率之间可能存在联立因果关系,一方面采用不同的生产服务方式可能导致不同的家庭生产效率;另一方面生产效率越高的农户对于机械的需要也越高。对此,本书拟采用工具变量法处理上述问题。

(3) 在系统考察农业生产服务方式的基础上,进一步考察了农业生产服务支持政策对农户家庭生产效率的影响,为了比较家庭生产效率在政策实施前后的差异,本书主要采用双重差分法(DID)进行识别。

2. 现实意义

(1) 有助于客观评价不同的农业生产服务方式对小农户与现代农业衔接的可行性。根据新古典经济理论,提升生产效率是实现经济增长的根本途径。在家庭联产承包责任制经营制度背景下,农业生产多以家庭为单位,因而农户生产效率则是农业生产率的微观体现,也是实现农业现代化的根本标志。在众多方式中,机械自营和生产环节外包经营被视为连接小农户与现代农业的重要路径(罗必良,2017;张红宇,2019),两者之间是否存在优劣差异,必须以生产效率作为判别依据。因此,研究农业生产服务方式选择对粮农家庭生产效率的影响,不仅有利于判别不同农业生产服务方式之间是否存在效率优劣,也有利于为政策部门制定合理的农业发展政策路径提供事实依据。

(2) 有助于客观评价家庭内部经营和生产环节外包经营两种农业生产服务方式对异质性农业家庭生产效率的差异影响。本书的一项重要工作是根据不同的粮食功能区和经营规模将农户划分为不同类型的异质性农户,在划分的基础上,分析农业生产服务方式对农业家庭生产效率的影响。不同的粮食功能区在气候条件、资源禀赋、农业社会化服务体系建设等方面存在较大差异。相对于家庭内部经营,生产环节外包这种"迂回"的生产方式所带来的生产要素对农业家庭要素的替代质量可能存在差异,从而对农业家庭生产效率的影响存在显著性差异。因此,本书有助于客观评价农业生产服务方式对异质性农业家庭生产效率的差异影响。

(3) 有助于客观评价农业生产服务政策的绩效并且明确瞄准方向。当前为了促进农业家庭经营转型升级,农业机械化是主要的生产服务支持政策。

同时，农业机械化服务支持政策主要包括对农户自有的中小型农机的补贴政策和提供社会化服务的大型农机的补贴两种方式。通过对农业生产服务政策绩效的考察，可以明晰政策演进方向和瞄准机制。

第三节 研究思路与研究内容

一、研究思路

如图 1-3 所示，本书遵循"问题凝练（提出研究问题）—理论探索（构建概念框架）—实证分析（实施经验检验）—政策研究（提出可能的方向）"

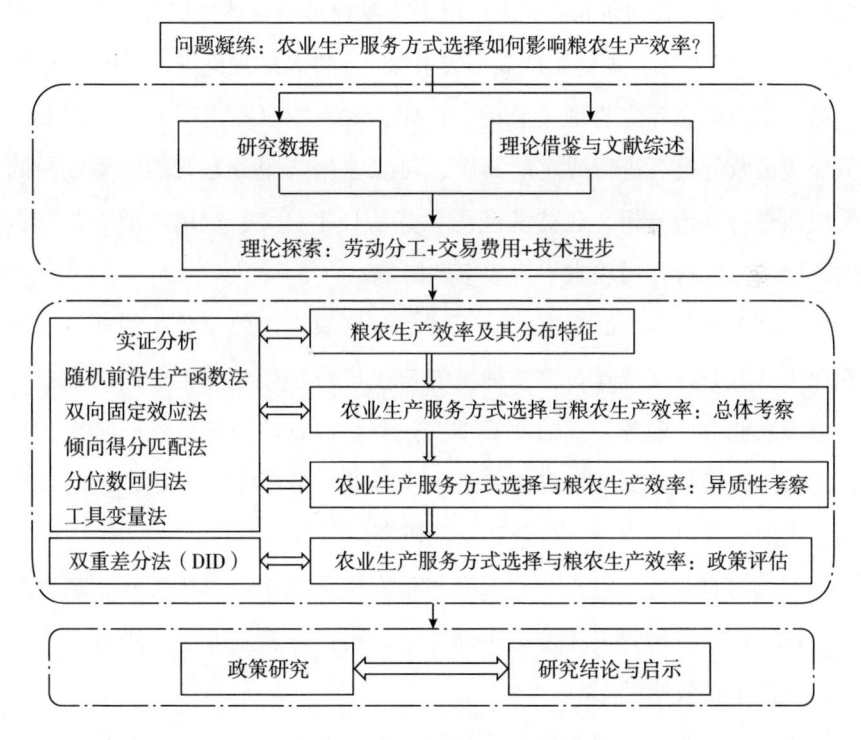

图 1-3 本书研究的技术路线

的基本研究思路。首先，通过经验观察和文献梳理，提出本书的基本问题并将其分解为可重复、可检验的科学问题。其次，通过文献研究法和归纳演绎法提出本书的理论分析框架，并提出相应的命题。再次，运用实证分析法对相应的命题进行经验检验。最后，在实证分析的基础上，围绕基本问题提出相应的政策启示。

二、研究内容

第一章为导论。首先，重点内容在于说明农业生产服务方式选择与粮农生产效率研究之间的理论与现实冲突，并提出相应的研究问题。其次，设定研究目标，设计技术路线图，并介绍各章的具体研究方法。最后，归纳和总结研究创新和研究不足。

第二章为文献综述与理论借鉴。一是围绕研究内容，对农业家庭生产效率和农业生产服务方式的研究进展进行全面文献梳理与评述。二是对拟开展的农业生产服务方式与农业家庭生产效率关系探究所涉及的理论进行回顾与整理。

第三章为概念界定与理论分析。首先，对农业家庭内部经营、农业生产环节外包经营等概念进行界定。其次，对农业生产服务方式的效率差异的经济学成因进行理论分析，在技术进步和劳动分工、交易费用框架下，分析农业生产服务方式选择对粮农生产效率的影响。

第四章为农业生产服务方式政策演化与粮农生产效率分布特征。该章是为农业生产服务方式选择对粮食种植农户生产效率影响分析所做的准备。首先，梳理农业生产服务方式的政策演变过程，以反映政策现状。其次，利用随机前沿生产函数法测度粮农，并进一步描述性分析不同区域、不同规模农户的生产效率特征，为进一步开展实证研究奠定基础。

第五章为农业生产服务方式选择与粮农生产效率：总体考察。基于总量视角，根据农业劳动分工和委托代理理论，实证分析农业生产服务方式对粮食种植农户生产效率的影响。

第六章为农业生产服务方式选择与粮农生产效率：异质性考察。分别从区域和规模差异视角，分析农业生产服务方式选择对粮农生产效率的影响。

第七章为农业生产服务方式选择与粮农生产效率：政策评估。以2016年农业生产全程社会化服务试点作为一次准自然实验，分析农业生产服务政策对粮农生产效率的影响，以检验农业生产服务政策的绩效。并且，从农地服务市场和农地流转市场互动视角，解释农业生产服务政策的绩效。

第八章为本书的研究结论与政策启示。

第四节 研究数据与研究方法

一、研究数据

本书使用的是中国农村家庭的追踪调查数据（China Household Finance Survey，CRHPS）①，涵盖社区、家庭和个体层面的数据。本书采用的是2015年和2017年两轮数据，原因在于从2015年第三轮开始，该数据详细调查了农户家庭农业生产经营类型，以及在生产经营过程中，粮食和经济作物的投入产出、成本收益等基础数据，对本书的研究主题具有较好的支撑。

该数据具有两个明显优势：一是在全国农村范围内开展的连续追踪的大样本数据。2015年的数据涉及全国29个省份，农村样本共22535个家庭，76675人；2017年的数据涉及全国29个省份，农村样本共24764个家庭，77132人。二是涉及农户农业生产分类完整的投入产出数据。该数据详细统计了农户家庭基本结构、农业生产经营投入和产出、土地利用和流转、农业政策补贴等数据，涉及农业生产的方方面面，为变量选择和设定提供了较好的支撑。

---

① 该数据由浙江大学提供，来自"中国家庭大数据库"（Chinese Family Database，CFD）和西南财经大学中国家庭金融调查与研究中心的"中国家庭金融调查"（China Household Finance Survey，CHFS）。

二、研究方法

本书主要分析方法为：实证研究法和规范研究法。曼昆在《经济学原理》中曾指出，实证分析法主要解释经济的运行机制，即回答是什么的问题。而规范分析法主要解释如何通过合意的政策措施改进经济运行方式，即回答怎么办的问题。两者的区别在于，规范性研究无法仅通过实证分析得到，还涉及一定的价值判断。

（1）实证研究法。随机前沿生产函数法（SFA）。本书的核心问题之一是关于粮食种植农户生产效率的测算与分解。当前关于效率测算的主流方法主要包括随机前沿生产函数法（SFA）和数据包络分析法（DEA）两种，并且是无论工业还是农业均得到广泛应用。在农业方面，由于农业的特性与SFA方法更加吻合，在应用前景上理应比DEA方法应用更加广阔，但由于无法考虑"非期望"产出问题，因此在实践中应用情景也受到一定限制。考虑到本书的研究数据特征和主要变量设定，本书最终选择随机前沿生产函数法分析粮食种植农户生产效率及其分布特征。

双向固定效应法。现代计量经济学的模型构建，是挖掘问题的基本要素并将其归入一个可应用科学手段的框架以获得有价值的因果关系，从而揭示一些通过现象无法理解的社会科学理论（Heckman和Becker，2015）。本书基准回归主要采用OLS方法识别农业生产服务方式和粮农生产效率之间的因果关系；同时，采用双向固定效应法进行稳健性分析。由于OLS方法主要通过控制可观测的变量来估计因果关系，容易因遗漏变量而造成偏差。双向固定效应不仅可以控制个体观测不到的且不随时间推移而变化的变量，而且可以控制同一时间不随个体变化的变量（如宏观经济因素），从而在解决不可观测的遗漏变量方面具有独特优势。

工具变量法（IV）。工具变量法是本书主要采用的内生性处理方法。虽然双向固定效应能够对遗漏变量问题进行较好的处理，但依然可能面临个体不可观测的但随时间推移而变化的遗漏变量问题，以及测量误差和联立因果问题，进而出现推断误差。在现有的计量方法中，工具变量法被认为是同时解决上述三个内生性问题的首要方法，其核心思想是寻找一个外生变量①，将内生变量变化中与干扰项相关部分的"坏的变化"分离，再只用"好的变化"来估计对被解释变量的因果关系，进而解决内生性问题。

双重差分法（DID）。双重差分法是一种对社会公共政策效果进行评估的方法。其核心思想在于借助"自然实验"的方法，利用政策冲击对被解释变量的时间维度和地区（个体）维度产生的双向维度的变化，可以将样本划分为四个不同的组，即在政策干预之前的处理组和对照组，以及在政策干预之后的处理组和对照组。基于以上四组的信息可以构造出"反事实"结果，从而估计政策实施对于处理组所产生的平均处理效应。

（2）规范研究法。实证研究法主要回答了粮农生产效率及其与农业生产服务方式的基本因果关系。在实证分析的基础上，需要进一步回应"怎么做"的问题，即本书所涉及的规范研究法。一是系统梳理农业生产服务方式的生成机制及演变趋势，提出农业生产服务方式促进农户生产经营转型的方向和衔接措施；二是在实证分析的基础上，针对农业生产服务方式对粮农生产效率的影响方向和程度提出可能的政策建议。

第五节 研究创新与研究不足

一、研究创新

第一，将粮食种植农户分为传统自营、机械自营和生产环节外包经营三种不同类型，考察了农业生产服务方式对粮农生产效率的影响。而现有研究

---

① 工具变量需要满足不直接与被解释变量相关但与内生变量相关的特性。

只从使用程度来考察农业生产环节外包经营对粮农生产效率的影响，因缺乏比较基准，得到的农业生产环节外包经营可以提高生产效率的结论应谨慎对待。

第二，从土地流转市场和农地服务市场互动的视角，考察了农业生产性服务政策对粮农生产效率的影响，研究认为农业生产性服务政策对土地流转市场发育可能存在"扭曲"作用，表现为推高农地流转租金，进而增加农业生产成本。

第三，在劳动分工（交易成本）和技术进步双重视角的统一理论框架下，解释传统自营、机械自营和生产环节外包经营之间可能存在效率差异的原因。传统自营和机械自营之间的效率差异主要体现为技术进步，即机械资本对劳动力的替代。机械自营和生产环节外包经营之间的效率差异主要体现为劳动分工和交易成本的差值。传统自营和生产环节外包经营既体现在技术进步方面，也体现在劳动分工和交易成本的差值方面。

二、研究不足

第一，在粮食种植品种分类方面尚存在不足，粮农种植农户往往种植一种或者几种粮食作物，由于农资的使用很难分品种度量，比如小麦、水稻、玉米各投入多少农药化肥，由此可能导致生产投入数据的测量误差。为此，本书已经严格将种植品种限定在小麦、玉米和水稻，从而筛选出粮农样本，以最大限度保障生产投入数据的准确性。但是，这也导致不能进一步分品种计算生产效率，进而不能分品种计算农业生产服务方式对粮农生产效率的影响。

第二，在数据方面，本书只使用了2015年和2017年中国农村家庭的追踪调查数据（CRHPS）的两轮面板数据，虽然已经满足研究的基本要求，但是更长时间的时间序列，对于理解农业生产服务方式与粮农生产效率之间的关系可以提供更为丰富的信息。

第二章 文献综述与理论借鉴

第一节 文献综述

一、农业生产效率的研究进展

1. 全要素生产率（TFP）的测度方法

全要素生产率的内涵在学术界尚未形成统一认识，在已有研究中形成了以下具有代表性的观点。有研究指出，TFP 和 SFP 是相对应的概念，衡量的是总投入加权后的总产量生产率指标，或者产出增长率不能被要素投入增长率所解释的部分（莫志宏和沈蕾，2005；李谷成，2009）。另有研究指出，SFP 反映的是单一特定要素的产出效率，而 TFP 反映的是"要素投入组合"的产出效率。同时，新古典经济增长理论认为，企业生产具有完全生产效率，企业的产出增长通常包含两个部分：一部分是由于要素投入增加所致；另一部分是由于技术效率提高所致，即 TFP（蔡跃洲和付一夫，2017）。

在已有的 TFP 测算方法中，增长核算法和经济计量法使用最为常见。增长核算法的原理是从总增长中扣除要素贡献部分，剩余的部分即为 TFP 值；

经济计量法需要通过计量模型方法加以计算,可以使用的方法包括随机前沿方法(SFA)和数据包络分析(DEA)。

(1)增长核算法。Solow(索洛)模型是最早用于测算 TFP 的增长核算方法,并且在西方国家得到广泛应用。增长核算法对 TFP 的估计一般可以分为两步:第一步根据 Solow 模型估计资本和劳动的要素份额,第二步计算 TFP(郭庆旺和贾俊雪,2005)。

Solow 函数的一般形式可设定为如式(2-1)所示:

$$Y = F(K, L, t) \tag{2-1}$$

在式(2-1)中,K 和 L 分别代表资本和劳动要素的投入量,t 表示时间,在 Hicks(希克斯)中性假定下,该模型可进一步改写为式(2-2):

$$Y_t = A(t) F(X_t) \tag{2-2}$$

在式(2-2)中,A(t)表示广义技术进步。进一步地,对 t 求导并除以式(2-1),可得式(2-3):

$$\frac{\dot{A}}{A} = \frac{\dot{Y}}{Y} - \sum_{n=1}^{N} \delta_n \left(\frac{\dot{x}_{n,t}}{x_{n,t}} \right) \tag{2-3}$$

在式(2-3)中,$\delta_n = \left(\frac{\partial Y_t}{\partial x_{n,t}} \right) \left(\frac{x_{n,t}}{Y_t} \right)$ 表示要素投入份额,令 y = ΔY/Y、μ = ΔA/A,分别表示产出增长率和 TFP(技术进步),由于 μ 的值等于产出增长率 y 减去要素投入增长率,所以又被称为"索洛余值"。

以 C-D 生产函数为例,在具体估算中通过取对数可得:

$$\ln(Y_t) = \ln(A) + \alpha \ln(K_t) + \beta \ln(L_t) + \varepsilon_t \tag{2-4}$$

在式(2-4)中,通常假定 α+β=1,即规模报酬不变。通过对上述方程进一步整理可得:

$$\ln(Y_t/L_t) = \ln(A) + \alpha \ln(K_t) + \alpha \ln(K_t/L_t) + \varepsilon_t \tag{2-5}$$

在式(2-5)中,$K_t = I_t/P_t + (1-\delta_t) K_{t-1}$,$I_t$ 和 δ_t 分别表示投资价格指数和折旧率,这样便可利用式(2-5)的双对数模型,利用 OLS 进行估计得到 K 产出份额 α 和 L 产出份额 β,再将 α 和 β 代入式(2-3),即可得到 TFP 的值。

虽然 Solow 模型在新古典经济增长理论的基础上开创了 TFP 测算的先河，但是由于该模型的许多前提假设与现实经济并不相符，估计结果也存在着较大的误差。首先，该模型最大的缺陷在于假定技术进步是外生的，这一假定意味着要素替代弹性保持恒定不变，因而技术进步也无法改变两者的投入比例。段文斌和尹向飞（2009）对改革开放以来中国全要素生产率相关文献综述发现，在恒定的规模报酬假定，以及无偏向的技术进步假定等方面，Solow 余值法在测度中国 TFP 时存在严重的缺陷。其次，增长核算法将 TFP 视为一个"黑箱"，无法揭示 TFP 增长来源。为了解决这一问题，部分学者尝试利用回归分析方法对要素产出弹性进行估计。但是，规模报酬不变、利润最大化等前提假设仍与现实经济存在较大差别。最后，增长核算法以新古典经济增长理论为基础，只考虑了技术进步的贡献，但没有考虑技术效率的贡献。

（2）SFA 方法。不同于增长核算法，SFA 和 DEA 方法放弃了生产单元具有完全效率的假定，并进一步将 TFP 分解为技术效率变化和技术进步。在 20 世纪 70 年代末，Battese 和 Meeusen 以及 Aigner 一众学者同时提出并建立了 SFA 方法。在此之后，Farrell（1957）在上述学者的研究基础上，利用 SFA 方法，从分解角度对 TFP 进行了进一步研究。

传统的增长核算法，利用生产函数对 TFP 进行测度，反映的是理想的投入产出关系。实际上，生产过程一般难以在实现理想的条件下开展，生产函数也只能在平均水平上反映 TFP 的水平（陶长琪和王志平，2011）。针对这一问题，随机前沿面生产函数成为重要技术手段，其基本模型设定如式（2-6）所示：

$$Y = F(X, \beta) e^{(v-u)} \tag{2-6}$$

在式（2-6）中，X 和 Y 分别为投入和产出向量，β 为技术参数，v 为随机误差项，u 为技术无效率项。若采用 C-D 生产函数进行具体估算，可进一步通过取对数得到面板随机技术效率模型：

$$\ln Y_{it} = \beta_{0t} + \sum \beta_n \ln X_{nit} + v_{it} - u_{it} \tag{2-7}$$

面板随机技术效率模型又可以分为技术效率不随时间推移而变化的模型，这取决于无效率 u_{it}。若 u_{it} 不随时间推移而变化，可退化为 u_i，可进一步检验 u_i 和 x_i 的相关性，选择适宜的模型进行估计；若数据时间维度较大，可在式（2-7）的基础上设定 u_{it} 为：

$$u_{it} = e^{-\theta(t-Ti)} u_i \qquad (2-8)$$

在式（2-8）中，θ 为待估参数，当 θ>0 时，u_{it} 随着时间 t 的增加而不断减小；当 θ<0 时，u_{it} 随着时间 t 的增加而不断增大；当 θ=0 时，则表示不随时间推移而变化的模型。当 θ≠0 时，生产前沿面也随之变化，因而技术进步（Technical Change）可通过加入时间虚拟变量被测度（陈强，2014）。随着随机前沿生产函数法在理论和应用方面不断取得进展，利用 SFA 测度 TFP 很快成为学术界的研究热点。根据前沿生产函数的不同，中国 TFP 文献大多利用超越对数生产函数和 C-D 生产函数对 TFP 进行测算。Christensen 等（1973）将超越对数生产函数的基本形式设定如式（2-9）所示：

$$\ln y_{it} = \sum_j \alpha_j \ln x_{jit} + \alpha_t t + \frac{1}{2} \sum_j \sum_l \beta_{jl} \ln x_{jit} \ln x_{lit} + \frac{1}{2} \beta_{TT} t^2 +$$
$$\sum_j \beta_{Tj} t \ln x_{jit} + (v_{it} - u_{it}) \qquad (2-9)$$

在式（2-9）中，y_{it} 和 x_{jit} 分别表示产出和投入量，v_{it} 表示白噪声，服从独立同分布，u_{it} 表示决策单元 i 在第 t 年技术非效率的随机变量。与确定性前沿函数相比，SFA 方法有效地控制了随机因素的影响，因而可以获取更准确的估计结果。但由于研究者对于生产函数设置的随意性，以及模型中较多的待估参数，使其估计结果难以令人信服。尽管诸如技术效率项的分布形式等问题还有待进一步深入，但随着统计制度、数据质量的不断提升，SFA 的理论和应用有望得到进一步发展。

（3）DEA 方法。Charnes 等（1978）在 Farrell 等（1957）技术效率度量方法的基础上提出了该方法。DEA 的基本原理与 SFA 方法类似，主要通过衡量生产主体距离前沿面的偏离程度来获取各自的相对效率（李心丹等，2003）。不同的是，DEA 依赖的是线性规划方法。

在 CCR 模型[①]基础上，Banker 等（1984）放松了 CRS 假定，对该模型进行了改进，并且构建了 DEA 方法中的第二个经典模型，即 BCC 模型。该模型由于允许规模报酬变化，又被称为 VRS 模型。在以上两个模型的基础上，DEA 的基本模型之后得到了较为快速的发展，并且被广泛应用于能源、工业、农业、金融等领域。

在众多 DEA 模型中多以静态分析为主，因而适用于截面数据分析。随着方法应用的不断深入，在 Malmquist（1953）的基础上，Fare 等将 Malmquist 指数应用到 TFP 分析中，用于考察 DMU 在两个时段间的效率变化，同时将 TFP 进行了分解处理，其基本模型设定如式（2-10）所示：

$$M_0(x^{t+1}, y^{t+1}, x^t, y^t)$$
$$= \left[\left(\frac{D_o^t(x^{t+1}, y^{t+1})}{D_o^t(x^t, y^t)}\right)\left(\frac{D_o^{t+1}(x^{t+1}, y^{t+1})}{D_o^{t+1}(x^t, y^t)}\right)\right]^{1/2}$$
$$= \frac{D_o^{t+1}(x^{t+1}, y^{t+1})}{D_o^t(x^t, y^t)} \times \left[\left(\frac{D_o^t(x^{t+1}, y^{t+1})}{D_o^{t+1}(x^{t+1}, y^{t+1})}\right)\left(\frac{D_o^t(x^t, y^t)}{D_o^{t+1}(x^t, y^t)}\right)\right]^{1/2} \quad (2-10)$$

在式（2-10）中，最后一个算式的前一部分表示技术效率变化，后一部分表示技术进步。同时，技术效率变化可以继续被分割为两个不同的部分，即规模效率和纯技术效率变化，从而在整体上将 TFP 分割为三个不同的部分。在实际测度中，需要通过求解四个距离函数的线性规划完成求解（卢艳等，2008），模型设定如式（2-11）所示：

$$\text{Max}\theta_i^{t+1}(x_i^t, y_i^t)$$
$$\text{s.t. } \sum_{i=1}^{I} z_i^{t+1} y_{im}^{t+1} \geq [\theta_i^t(x_i^t, y_i^t)] y_{im}^t, \quad m = 1, \cdots, M$$
$$\sum_{i=1}^{I} z_i^{t+1} x_{in}^{t+1} \leq x_{in}^t, \quad n = 1, \cdots, N$$
$$Z_i^{t+1} \geq 0, \quad i = 1, \cdots, I \quad (2-11)$$

在式（2-11）中，x_i^t，y_i^t 分别代表投入和产出向量，θ_i^{t+1} 表示技术效率，

[①] CCR 模型是 DEA 方法中的第一个有关模型，该模型由于假定规模报酬不变，又被称为 CRS 模型。但规模报酬不变这一假定十分严格，与现实经济过程也很难契合。

并且介于 0~1。

利用 Malmquist 指数测算 TFP 有三个方面的优势（李廉水和周勇，2006）：一是放松了较强的经济理论假设，剔除了价格因素的影响和经济均衡假设；二是 TFP 可以被分解为纯技术效率变化（PTE）、规模效率（SE）和技术进步（TP）；三是适用于多样本跨时期的研究，利于面板数据的应用。

关于 SFA 和 DEA 方法的比较。范丽霞和李谷成（2012）指出，农业生产过程受到诸如自然风险、管理风险等诸多随机因素的干扰。相对于 DEA 方法，SFA 在随机项上的设定，更加吻合农业生产的经济特性。因此，在已有的农业生产效率研究中，SFA 的使用也更加广泛。但是，随着对 TFP 认识的深化，DEA 尤其是 DEA-Malmquist 指数法得到了广泛的应用，SFA 虽然与农业生产的特性相吻合，但无法考虑非期望产出问题，因而在实践中应用相对有限。

总体而言，SFA 和 DEA 各有利弊，相较于 DEA 方法，SFA 主要依靠计量经济模型和方法，而且拥有更为扎实的理论基础。在一些设计最优化的工程问题中，DEA 则应用更为广泛。在实践中需根据研究问题设定研究方法，两者具体差异如表 2-1 所示。

表 2-1 SFA 和 DEA 的比较

方法	优点	缺点
SFA	属于一种计量经济学方法，可以区分随机干扰项和技术无效率项，避免了统计误差和随机因素的影响。样本量越大，估计效率越高	生产函数设定的主观性，不同的截面假定相同的生产函数，容易导致估计偏误。C-D 生产函数形式不够灵活，Trans-log 生产函数形式灵活，但对样本数量要求较高
DEA	DEA 是一种线性规划法，无须事先假定生产函数，并且在解决多投入产出问题上具有优势。技术效率可直接与最优 DMU 相比，找出效率提升途径	无法对模型的适宜性进行检验。对异常数据反应敏感，方差往往较大。无法将 TFP 与统计误差和白噪声区分开

（4）考虑环境因素的全要素生产率（TFP）测度方法。长期以来，对 TFP 的测度往往只考虑了资本和劳动等要素的投入端的关注，但对于产出端，

尤其与可持续发展相关的能源和环境产生"坏"影响产出端的关注却不足，从而导致了对 TFP 的度量偏误（陈诗一，2009）。传统的 TFP 测度只纳入了"好"的产出，却忽略了"坏"的产出，比如未将非市场性的产出物考虑在内，从而使对生产率增长的测算出现偏差。Chung 等（1997）首次将期望产出和非期望产出同时考虑在内，构建了 ML（Malmquist-Luenberger）指数，从而更加精准地测算 TFP 的变化。陈诗一（2009）指出，在生产经营过程中，一方面，制造企业希望尽可能地生产更多的优质产品，并且尽可能地减少废弃物的产出；另一方面，生产过程中产生的废弃物又必须付出相应成本加以处理，因此必须考虑非期望产出对 TFP 造成的负面影响。比如，将污染排放产出特征作为生产过程中的副产品来处置，将其与期望产出一起引入生产过程进行估计。ML 指数是一种基于方向距离函数的测度方法，其基本模型设定如式（2-12）所示：

$$ML^{t+1} = \left[\frac{(1+\vec{D}_o^t(x^t, y^t, b^t, -b^t))(1+\vec{D}_o^{t+1}(x^t, y^t, b^t, -b^t))}{(1+\vec{D}_o^t(x^{t+1}, y^{t+1}, b^{t+1}, -b^{t+1}))(1+\vec{D}_o^{t+1}(x^{t+1}, y^{t+1}, b^{t+1}, -b^{t+1}))} \right]^{1/2}$$

(2-12)

在式（2-12）中，左边部分和右边部分是通过 ML 指数分解得到的技术效率指数和技术进步指数，在实际测度中每一项生产率指标都需要通过 4 个方向性距离函数进行求解，得到效率估测值。例如，假定有 K 个观测值和 T 时期的投入产出：

$$(x^{t,k}, y^{t,k}, b^{t,k}), k=1, \cdots, K; t=1, \cdots, T \tag{2-13}$$

对于每一个观测值，在 ML 指数中的距离函数可以被转化为线性规划问题：

$$Max\beta = \vec{D}_o^t(x^{t,k'}, y^{t,k'}, b^{t,k'}; y^{t,k'}, -b^{t,k'})$$

$$s.t. \sum_{k=1}^{K} z_k y_{k'm}^t \geq (1+\beta) y_{k'm}^t, m=1, \cdots, M$$

$$\sum_{k=1}^{K} z_k b_{ki}^t \geq (1-\beta) b_{k'i}^t, i=1, \cdots, I$$

$$\sum_{k=1}^{K} z_k x_{kn}^t \leq (1-\beta) x_{k'n}^t, n=1, \cdots, N$$

$z_k \geq 0, k = 1, \cdots, K$ (2-14)

在式（2-14）中，方向性距离函数可以用线性规划方法计算。

在TFP的测度方法中，即使采用相同的数据和方法，但采用不同的生产函数形式也可能造成不同的结果。最典型的案例是20世纪90年代，关于"东亚奇迹"增长模式的争议与全要素生产率的度量。针对东亚各国的经济腾飞的原因，世界银行研究指出，技术进步所导致的TFP提升是其中最为重要的因素。然而，根据艾尔温·杨的测算结果却得到完全不同的结论，保罗·克鲁格曼研究认为东亚各国经济增长的动力来源并非技术进步，而是大量的要素投入。郑玉歆研究发现之所以产生如此之大的争议在于，世界银行采用的是传统的C-D生产函数，在此基础上利用收入份额法测算了各国的要素产出弹性，而艾尔温·杨使用的则是超越对数函数和不同的前提假设，规模报酬设定的不同是最为直接的影响。除此之外，在相当大的程度上，"东亚奇迹"增长模式的认识分歧是学术界在数据、假定方面所做的不同处理所致。因而，全要素生产率作为一种内涵混乱的概念和指标在经济研究中具有较大的局限性。

2. 中国农业全要素生产率（TFP）的测度结果

农业生产率的提高主要来源于专业化分工、技术进步和全要素生产率（TFP）提升，而农业TFP对于农业可持续发展更加具有全局意义。根据农业全要素生产率的中英文关键词作为检索词，分别在中国知网和Web of Science进行检索，并且选择国内外A类期刊的研究论文作为分析对象。

经验文献考察发现，国内外关于中国农业TFP研究兴起于2000年左右，并且在此后该研究主题经历了快速发展。在内容方面，经历了从农业TFP是否增长的争议，演变到对农业TFP的增长源泉进行更深入的探讨。在方法方面，从对"截面数据"和"面板数据"的传统农业TFP关注，逐渐深入到对存在"空间异质性"和"空间相关性"等存在空间关系的农业TFP增长的探讨，以及近年来将"环境因素"考虑在内的"农业绿色TFP"的探讨。在数据方面，由宏观层面关注省级DMU的农业TFP变化逐渐深入到微观农户 DMU 的农业 TFP 变化。从研究热点来看，农业 TFP 的空间效应和"农业绿色 TFP"两类研究以及农户层面的 TFP 变化正成为当前学者主要关注的热点问题。本书选取的重点文献的主要研究方法、研究结论如表 2-2 所示。

表 2-2　部分文献关于中国农业 TFP 的研究进展

序号	作者	研究方法	研究结论
1	陈卫平（2006）	Malmquis 指数法	1990~2013 年，农业 TFP 提高 2.59%/年，农业技术进步提高 5.48%/年，农业技术效率下降 2.78%/年
2	周端明（2009）	Malmquist 指数法	1978~2005 年，农业 TFP 提高 3.3%/年，农业技术进步和农业技术效率提高均稳步提升，并且区域间存在着不均衡现象
3	全炯振（2009）	Malmquist 指数法	1978~2007 年，农业 TFP 提高 0.7%/年，农业技术进步贡献最大，同时改善农业技术效率是未来的主要方向
4	李谷成（2009）	Malmquist 指数法	1988~2006 年，农业 TFP 提高的来源是技术进步，技术效率贡献有限
5	王珏等（2010）	Malmquist 指数法	经济地理因素对中国农业 TFP 具有显著影响
6	李谷成（2011）	ML 指数法	1979~2008 年，农业环境技术效率呈现先升后降的趋势，存在较大的提升空间
7	朱喜等（2011）	回归分析	要素扭曲对农户 TFP 具有显著负向影响，造成要素"扭曲"的因素包括土地流转市场、劳动力就业市场和金融市场等因素，如果消除上述市场的"扭曲"状态，农业 TFP 仍具有较大的提升空间
8	王奇等（2012）	SFA-Malmquist 指数法	1992~2010 年，农业 GTFP 与农业 TFP 基本保持相同的增长速度，其中，GTFP 增长主要来源于技术进步贡献
9	匡远凤（2012）	SFA	1988~2009 年，中国农业劳动生产率增长主要源自于农业技术进步、物质和人力资本投入，但技术效率却阻碍了农业劳动生产率的增长
10	高帆（2015）	DEA-Malmquist 指数法	1992~2012 年，农业 TFP 提高 3.1%/年，主要来源于技术进步贡献
11	葛鹏飞等（2018）	SBM-Luenberger 指数法	2001~2015 年，农业绿色 TFP 年均增长率为 1.56%。农业绿色 TFP 从 2001 年开始经历了小幅度上升，2006 年后呈现明显的下降趋势，中东部之间存在显著差距

续表

序号	作者	研究方法	研究结论
12	杨骞等（2019）	SBM-Luenberger指数法	"十五"期间中国农业绿色TFP呈现下降趋势，"十一五"期间增长率水平最高达到2.55%，"十二五"期间呈现明显上升趋势。2000~2015年，中国农业绿色TFP呈现先扩大后缩小的空间分异特征，全国和中部、西部地区分异程度呈现扩大趋势
13	Lin（1992）	OLS、SFA	去集体化和价格市场化可以提高农业TFP
14	Chen等（2008）	DEA-Malmquist指数法	1990~2003年，中国农业TFP提高与技术进步，农业税减免、基础设施投资以及机械化发展是技术进步的主要决定因素
15	Jin等（2010）	SFA	1999~2004年，中国23种主要农产品TFP每年增长2%左右，其中园艺和牧业在3%~5%，TFP增长源泉主要来自技术进步
16	Li等（2013）	C-D生产函数	1985~2010年，中国农业要素投入对产出增长的贡献为40.6%，TFP为55.2%，其中化肥和机械对产量的贡献为正，土地和劳动力贡献为负
17	Gong（2018）	SFA、VCM（变系数模型）	中国农业TFP具有明显的周期性波动，第三次和第五次改革（1990~1993年和1998~2003年）比第一次改革（1978~1984年）生产率更高，第二次和第四次改革（1985~1989年和2004年至今）出现了低增长
18	Yang等（2018）	DEA	2001~2011年，中国农业能源TFP逐年提高，但区域间不平衡，农业密集的地区和经济发达的地区能源效率较低，农业产业结构改善等是农业能源效率提高的主要驱动力
19	Shen等（2018）	DDF-Production Model	1997~2014年，中国农业TFP平均效率为9.13%，其中总产值可能提高7.94%，碳排放可能降低1.19%
20	Shen等（2019）	Luenberger-Hicks-Moorsteen（LHM）	1997~2015年，中国农业TFP提高3.03%/年，技术进步是主要推动力，技术效率和规模效率贡献不大
21	Wang等（2019）	基于CCD构建的多边TFP模型	2005~2007年，中国农业TFP增速放缓后，出现反弹，并且存在"追赶效应"，TFP较低的省份增速明显快于高的省份，精确收敛率在0.016~0.039
22	Yu等（2020）	DPSIR-SBM	1997~2017中国RTFP呈现波动上升趋势，发达地区和沿海地区的RTFP相对较高，地区之间不存在"追赶效应"，也不存在有条件的收敛趋势
23	Gong（2020）	SFA	中国28个省份中23个省份以及23种农产品中19种产品未能实现趋同，农业未走上追赶的正确轨道

3. 技术效率的测度方法

正如前文所述，技术效率与全要素生产率的测度存在着密切联系。传统的以新古典理论为基础的增长核算法将全要素生产率完全归功于技术进步，而后越来越多的学者开始关注技术效率变动对全要素生产率增长的重要性。

技术效率的测算包括参数和非参数两种方法。在参数方法中，SFA 的应用最为广泛，而在非参数方法中，DEA 的应用最为广泛。

（1）SFA 测算技术效率。SFA 是一种必须事前选择生产函数的估计方法。一般而言，在生产要素种类较多时，Trans-Log 生产函数会使回归结果十分复杂（黄祖辉等，2014），容易产生多重共线性问题，更适合面板数据。相比较而言，C-D 生产函数模型简单，只有为数不多的参数需要被估计。然而，因为假定存在要素规模报酬不变等恒定条件，使模型本身与现实经济的生产过程存在较大的出入。

同时也有少量研究指出，以上两种生产函数形式之间虽然存在较大差异，但是两者的估计结果在实证分析中相差并不是十分明显。此外，生产无效率项的设定不同也可能产生不同的效率值。在实证分析中，可以根据实际情况，从截断分布、指数分布、半正态分布等集中形式中进行选择（田伟和柳思维，2012）。基于截面数据的 SFA 模型的一般情形如式（2-5）所示：

$$y_{ij} = f(X_{ij}, \beta) \exp(v_{ij} - u_{ij}) \qquad (2-15)$$

在式（2-15）中，v_{ij} 服从独立同分布，即 $v_{ij} \sim N(0, \sigma_v^2)$，$u_{ij}$ 是非负的误差项。由此，技术效率可以表示为式（2-16）：

$$TE_{ij} = E[\exp(-u_{ij}) \mid v_{ij} - u_{ij}] \qquad (2-16)$$

根据技术效率是否因时而变，基于面板数据的 SFA 模型可被分为两种类型。如果随时间而变则被称为"时变衰减模型"，其中无效率项可表示为式（2-17）：

$$u_{it} = \exp[-\eta(t-T)] u_i \qquad (2-17)$$

在式（2-17）中，T 代表时间维度，$u_i \sim N^+(\mu, \sigma_u^2)$（截尾正态分布），进一步可将技术效率表示为式（2-18）：

$$TE_{it} = \frac{E[y_{it} \mid u_{it}, x_{it}]}{E[y_{it} \mid u_{it}=0, x_{it}]} = \exp(-u_{it}) \qquad (2-18)$$

(2) DEA 测算技术效率。DEA 测算技术效率主要包括 CCR、BCC、SBM、EBM 等模型。

1）利用 CCR 模型测算。如果利用该模型测算技术效率值，那么表示的是，在产出水平恒定的条件下，任何一个生产单元的实际投入与最优投入的比值。

2）利用 BCC 模型测算。在 BCC 模型中，由于放松了 CRS 假定，从而可以将规模效率的值在计算的过程中去除，在此基础上可以获取纯技术效率值，这样一来两者便建立起数学上的联系，如式（2-19）所示：

$$TE_{CRS} = TE_{VRS} \times SE \qquad (2-19)$$

从式（2-19）中可以看出，规模效率的值可以在计算 CRS 和 VRS 模型的比值基础上来获取。

3）利用 SBM 模型测算。针对经典模型存在的应用问题，一系列衍生模型也相伴而生并被广泛应用。

由于经典的 CCR 和 BCC 模型均为角度的和径向的，但角度和径向设定可能导致以下问题：一是如果只考虑投入或产出其中任何一方，这样的设定容易导致估计偏误；二是在投入量或产出量存在过量问题时，容易高估或者低估效率值。针对上述问题，Tone（2001）提出的 SBM 模型有效解决了上述问题，该模型的基本形式如式（2-20）所示：

$$\min \theta = \frac{1 - (1/m) \sum_{i=1}^{m} \sigma_i^- / x_{io}}{1 + (1/\sigma) \sum_{r=1}^{\sigma} \sigma_r^+ / y_{ro}}$$

$$\text{s.t.} \quad x_o = X\gamma + \sigma^-,$$
$$\quad y_o = Y\gamma - \sigma^+,$$
$$\quad \gamma \geq 0, \ \sigma^- \geq 0, \ \sigma^+ \geq 0 \qquad (2-20)$$

在式（2-20）中，θ 为待估的效率值，γ 为 n 维欧几里得空间 R^n 中的非负向量；σ^- 代表投入过量，σ^+ 代表产出不足，两者都属于"松弛变量"；x_o

代表投入向量，y_o 代表产出向量，$X=(x_{ij})\in R^{m\times n}$ 代表投入矩阵，$Y=(y_{ij})\in R^{s\times n}$ 代表产出矩阵。该模型可进一步转化为线性规划问题求解。

从上述模型可以看出，当 Slacks 值越大时，DMU 的效率值越小，从而较好地将松弛问题考虑在模型中。

4）利用 EBM 模型测算。为了克服现有的模型在测算分值时存在的困难，Tone（2010）进一步提出 EBM 模型：

$$\delta^* = \min\sigma - \omega_x \sum_{i=1}^{m} \frac{w_i^- \xi_i^-}{x_{i0}}$$

s.t. $\sigma x_0 - X\lambda - \xi^- = 0$

$Y\lambda \geq y_0$

$\lambda \geq 0$

$s^- \geq 0$ (2-21)

在式（2-21）中，δ^* 代表技术效率，σ 代表通过在径向上测算得到的效率值，ξ_i^- 代表投入要素的松弛向量，λ 和 ε_x 分别代表指标权重向量和关键参数向量。特别地，在 ω_x 取值等于 0 的情况下，EBM 模型将退化为原始的 CCR 模型。在 σ 和 ω_x 均取值为 1 的情况下，EBM 模型将转化为式（2-20）中的超效率模型（高鸣等，2014；尹庆民等，2020）。DEA 测度技术效率的方法如表 2-3 所示。

表 2-3　DEA 测度技术效率的方法

DEA	①角度（Oriented） （基于投入或产出的选择，分别代表产出不变或投入不变假设）	②非角度（Non-Oriented） （将投入和产出选择结合到一个模型）
径向（Radial） （同比变动）	③（角度，径向） CCR-I/CCR-O/BCC-I/BCC-O 等	④（非角度，径向）
非径向（Non-Radial） （不必同比变动）	⑤（角度，非径向） SBM-I/SBM-O/EBM-I/EBM-O 等	⑥（非角度，非径向）SBM/EBM

4. 农业技术效率研究进展

关于农业家庭经营效率的研究，现有文献的主要研究成果主要体现在以下几个方面：

（1）经营规模与农户技术效率的关系。这两者之间的关系是农业经济研究中最受关注的问题之一，关于推进土地规模经营是否可以提升农户生产效率却一直存在争议，大量研究从理论和实证两个方面对两者之间的关系进行了探讨，但尚未形成统一结论。

有研究发现，相对于规模经营户，小农户经营更有效率。例如，高梦滔和张颖（2006）基于中国8个省份1354个农户面板数据，利用回归分析探讨了"小农户是否具有效率"这一命题，该研究发现，中国农户在粮食生产上存在较强的"小农户更具有效率"的证据，农地规模与粮食生产效率具有负相关关系，并进一步指出，需要通过在降低监督费用、提升激励方式和加强风险管理方面入手，完善信贷市场和劳动力市场，促进农户生产率的提升。李谷成等（2010）基于湖北省农户调查面板数据，利用Trans-Log的SFA方法对此问题进行了进一步探讨，该研究发现，农地规模与土地产出率负相关，即"小农户更加有效率"，并认为小农户存在着"自我剥削"式的劳动力投入，因此在土地产出率方面更加有效率；农地规模与劳动生产率正相关，即"大农户更加有效率"，并认为大农户人均耕地面积大，因而劳动生产率高；农地规模与农户TFP和技术效率之间不存在显著关系，即"大小农户间效率无差异"；在成本利润率方面，当考虑劳动成本时，小农户更加具有效率，但在考虑劳动成本的情况下，大农户更加具有效率。此外，基于2009年农户微观调查数据和SFA方法，张海鑫等（2012）同样研究发现，耕地细碎化对农户技术效率具有负向影响。

另有研究发现，农地经营规模与效率之间具有"倒U形"关系。例如，基于Trans-Log的SFA方法和2008年陕西省苹果种植户的农户微观数据，屈小博（2009）考察了经营规模与农户技术效率之间的关系。该研究发现，经营规模与农户技术效率之间存在"倒U形"关系，即中等规模农户的技术效率要高于小规模和大规模农户,因而通过推动家庭适度规模经营对于提升农户生产率具有重要意义。利用农户微观调查数据,张忠明和钱文荣(2010)同样研究发现经营规模与粮食生产效率之间存在着"倒U形"关系,并指出土地适度规模经营提升粮食生产效率具有较强的正向影响。

(2)家庭禀赋与农户技术效率的关系。基于Trans-Log的SFA方法和农户微观面板数据,李谷成等(2007)将农户经营效率进行了分解处理,研究发现资源配置效率和技术进步对农户TFP具有决定性作用,规模效率对TFP影响不显著,技术效率一直存在下降趋势。李谷成等(2008)进一步基于上述数据和方法,探讨了家庭禀赋对农业家庭经营技术效率和技术进步的影响;研究发现,受教育水平、耕地细碎化等对技术效率具有显著正向影响,而家庭成员干部身份背景、外出务工经历等则对农户家庭技术效率存在显著负向影响。胡逸文等(2016)基于河南省农户微观面板数据,基于Trans-Log的SFA方法探讨了粮食生产技术效率的影响因素,该研究发现年龄、耕地面积等均与技术效率具有正相关关系,而受教育程度则与技术效率具有负相关关系。张德元等(2015)基于成都农户数据,基于Trans-Log的SFA方法探讨了农业技术效率的影响因素,该研究发现农地规模和受教育程度均与技术效率具有正相关关系。

(3)要素流动与农户技术效率的关系。随着农村要素市场化改革的推进,劳动力流动和土地流转成为农户生产率关注的热点问题。其一,关于外出务工对农户技术效率的影响,但对两者之间关系的认知存在着较大分歧。基于农村固定观察点数据,王子成(2015)利用内生转换模型评价了劳动力外出务工对农业家庭经营效率的影响,该研究发现劳动力外出务工对农户效率的影响存在衰退效应,在外出务工的前三年存在显著负向影响,但三年后负向影响逐渐减弱。与上述结论不同的是,基于江苏省农户的微观数据,卢华等(2016)基于SFA方法研究发现,劳动力转移降低了对农业生产的照料时间和精力,对农户技术效率存在显著负向影响。其二,关于土地流转对农户技术效率的影响,两者之间的关系同样存在分歧。基于中部地区1370户农户调查数据，以及BBC-DEA方法和Tobit模型，高欣和张安录（2017）对农地流转与农业家庭经营效率的关系进行了研究，该研究发现农地流转对转入户的经营效率具有显著正向影响，但是对转出户的生产效率具有负向影响。基于粮食主产区346个农户微观调查数据，曾雅婷等（2018）利用Trans-Log的SFA方法和Tobit模型探讨了农地流转与农户家庭经营效率的关系，该研究发现，土地流转对劳动产出率具有促进作用，但对于土地产出率具有抑制作用。

（4）契约方式与农户技术效率的关系。不同的契约方式对农户的生产行为有着不同的影响，针对农户与不同产业主体之间形成的合作关系，国内学者对这些不同的产业契约方式进行了具有洞见的研究成果。从研究结果来看，大多数研究表明，"合作社+农户"的产业组织方式相较于其他方式更有利于提高农户的技术效率水平。例如，陈诗波和王亚静（2009）以湖北省农户调查数据，基于OLS模型研究发现，"政府+企业（协会）+农户"与技术效率之间具有正相关关系。基于农户微观的调查数据，陈超等（2018）研究发现契约方式选择对农户的技术效率具有差异性影响，相对于其他新型农业经营组织，如果农户选择与合作社缔约，农户的技术效率将得到显著提升。刘森挥等（2019）基于全国21个省份的788户肉牛观测点数据对不同产业组织模式下农户技术效率考察发现，"农户+企业（合作社）"以及"企业+基地+合作社"等模式均与农户技术效率具有显著的正相关关系。

（5）制度政策与农户技术效率的关系。农村要素市场化改革自1978年以来持续至今，这期间历经了家庭联产承包责任制、农村税费、农地产权等方面的改革，以及近年来开展农业补贴政策等方面的改革。这些制度层面上的改革一直备受学者关注，尤其关注对于农户TFP的影响。Lin（1992）最早关注了家庭联产承包责任制和价格市场化改革对农户技术效率的影响，该研究利用SFA方法研究发现，去集体化和价格市场化改革对农户技术效率具有显著的正向影响。基于农村固定观察点面板数据，徐翠萍等（2009）研究发现，农业税费改革对农户的土地和资本要素配置效率具有显著正向影响。

李桦等（2015）基于福建、江西两省315户农户调查数据，利用SFA方法探讨了新一轮林权改革对农户家庭技术效率的影响，该研究发现，2007~2011年农业家庭经营技术效率呈现先上升后下降再上升的趋势，林权改革对农业家庭经营技术效率存在显著正向影响。基于中国劳动力动态调查（CLDS）混合截面数据，林文声等（2018）采用中介效应模型探讨了农地确权对农业家庭经营技术效率的影响，该研究发现，对于没有发生农地稳定性对农户技术效率的影响取决于宏观的经济环境，如果一个区域的农业生产条件、本地就业形势越好，那么农地产权的稳定性对农户技术效率影响就越不明显；反之亦然。

我国加入世界贸易组织以来，粮食价格补贴所造成的国内外"价格倒挂"的问题刺激了粮食补贴政策的进一步改革。高鸣等（2016）研究了粮食直补对河南省不同规模农户小麦生产率的影响存在显著的差异性，当种植经营规模在6亩以上时，粮食直补将不能提高农户的全要素生产率。基于上述数据和方法，高鸣等（2017）进一步研究发现，粮食直补对不足6亩的小规模农户技术效率具有促进作用，但是对于超过6亩的大规模农户技术效率不具有显著影响。

二、农业家庭内部经营的研究进展

农业家庭内部经营方式的发展问题一直是中国学术界的热点和重点问题。随着农村经济市场化改革的推进，"耕地细碎、规模细小"等引发的低效率问题，农业家庭经营陷入难以融入现代农业的"小农之殇"，并且面临着前所未有的挑战。据统计，当前农村约有2.3亿农户，其中小农户多达2.26亿[①]。在如此庞大的数量基数背景下，农业家庭经营是否能够担当实现农业现代化的历史使命？已有的研究主要从以下几个方面展开了相关研究。

1. 农业家庭经营发展的理论争议

自亚当·斯密提出农业无法像制造业那样做到分工的论断以来，有关农

---

① 资料来源于《第三次全国农业普查公报》。

业经营方式的争论就从未停止过，这也进一步影响了我国农业家庭经营方式的稳定与变迁。农业经营方式的核心论点在于如何对待农业家庭经营。在已有的经典研究中，无论是西方经济学，还是马克思主义经典著作，都无一例外地认为农业大生产要优于农业小生产。自由主义者认为，小农业家庭经营将在优胜劣汰法则下被淘汰，而马克思主义者则认为农业家庭经营将被公有制的大农业所取代。温铁军和董筱丹（2010）指出，在农业现代化过程中，受到上述理论的影响，不仅许多前殖民地国家曾以公司农场取代了大多数的家庭农场，而且在许多社会主义国家也曾以"一大二公"的方式取代农业家庭经营方式。

但是，农业大生产相对于农业家庭经营却未显示出绝对的优越性。与经典理论不同的是，爱德华·大卫、布加柯夫和恰亚诺夫等则认为农业小生产具有出乎意料的"生产力"和稳定性，反对以横向合并的方式消灭小农业家庭经营（李秉龙，2009）。在恰亚诺夫的理论中，当时俄国的非农就业机会很少且非农工资低于务农收入，在这种情况下，小农户家庭将打破生产要素的最优组合，继而通过提高劳动强度的"自我剥削"方式维持生存（韩朝华，2017）。黄宗智（2000）在分析我国长江三角洲小农家庭与乡村发展时，将这种劳动密集型但劳动生产率不增长甚至负增长的农业发展方式称为"内卷化"。

在上述理论争议下，已有研究从多个角度探讨了关于农业家庭经营发展的优势与劣势。第一，农业家庭经营的发展优势。一是与农业生产规律具有内契性。不同于工业或制造业，农业生产的整个过程难以在集中的空间位置上投入连续的劳动时间加以完成①，时空上的分散性决定了农业生产过程不可能像工业生产一样采用集中劳动和连续作业的方式进行生产，也意味着不宜采用团体生产的模式。与之相反，农业家庭经营与农业生产规律呈现出较

---

① 一方面，土地作为农业生产的主要资料，在空间上的分散性决定了农业生产的空间分散性特点，同时也决定了农业生产过程的劳动监督困难；另一方面，动植物作为农业生产的主要劳动对象决定了农业生产具有时间连续性特点，同时也决定了劳动时间与生产时间的不一致性。

高的内契性。胡胜德和金喜在（2003）指出，一方面，农业家庭经营具有利益的内在一致性，在沟通和协作方面具有天然优势，有利于生产环节的分工和降低监督成本。另一方面，农业家庭经营是自主经营、自负盈亏的组织，具有高度的自觉性、主动性和决策的灵活性，可以根据农时的不同合理安排劳动时间，比如在农闲季节采用兼业方式，从而降低劳动时间与生产时间不一致带来的经济损失，提高家庭经营收益。二是农业家庭经营有利于文化传承和生态保护[①]。近几十年以来，随着社会经济结构的剧烈变迁，城乡关系发生了巨大分野，在城市社区已经难以寻见中国传统文化的踪迹。与之相反的是，农村家庭依然是农村社会生产和消费的基本单位，在现实生活中较好地保留了传统文化的精髓，对于中国传统文化的多样化传承具有深远意义。孙庆忠（2009）指出，农业家庭经营注重与自然的关系，尊重自然规律，按照农时从事农业生产而不违农时，从而与自然和谐共生。

第二，农业家庭经营的发展劣势。一是农业家庭经营与市场对接困难。韩朝华（2017）指出，农业家庭经营虽然在直接生产环节具有优势，但是在产前和前后环节却存在明显劣势，当面对市场时，往往处于劣势地位。一方面在于农业家庭经营具有分散性，无法形成市场势力，导致整个农户群体在市场交换中没有充分的议价权和定价权；另一方面在于农业家庭经营采用封闭式管理方式，其功能主要局限于农业生产环节，但是对要素资源的配置能力有限，而且家庭间要素流动效率低下。因而，对产业链和产业体系的贡献有限，无法促进农业产业链价值增值（姜长云，2013）。二是农业家庭经营代际传承的危机。李建华和郭青（2011）指出，随着农村劳动力转移进程加快，新时代农业发展不仅面临着资源环境的外部约束，而且面临着代际传承的内在约束。同时，段成荣和马学阳（2011）研究指出，新一代农民工是农业家庭代际传承的主要劳动力来源，但他们更加青睐并向往城市生活，很少

---

① 中国文化传统上属于农耕文明或"乡土文化"，家庭以农业为生，通过耕种来实现自给自足，在土地的基础上形成了一系列的文化文明。由此，费孝通将中国传统的乡土文化形象地概括为熟人社会、差序格局、礼治秩序、无讼政治等几个方面。自古以来中国农民具有按照"二十四节气"来安排农业生产的传统，例如北方农村的"清明忙种麦，谷雨种大田""立秋忙打旬，处暑动刀镰"等。

有人愿意回到农村务农。即便有一部分人愿意回到农村，但也缺乏农业生产所必需的技能。同时有研究表明，在新一代农民工中，只有大约7.1%的人愿意从城市回到农村务农。因此，农业家庭经营由于以血缘和亲缘为主要纽带，面临着严峻的代际传承问题。这一问题突出表现在，一方面，农业家庭经营缺乏人力资源优化机制，难以将家庭外部人力资源优势与家庭内部人力资本形成融合，从而家庭人力资本升级的速度缓慢；另一方面，农业家庭经营结构固化，市场竞争意识和能力受限。

2. 农业家庭经营与规模经营的关系

农业家庭经营与规模经营的关系人们一直存在着不同的认识。在大多数的文献中，学者一般将家庭经营等同于小规模经营。例如，Lowder（2015）指出，通常在没有明确定义的情况下，"小农"和"家庭经营"可以替换使用或结合使用。此外，Bignebat等（2015）认为少数研究质疑"家庭农场"和"小农场"两个概念相重合的观点是没有必要的，并指出农户经营与小农在概念上是等同的，其中的原因在于前者和后者在劳动力来源上是一致的。但实际上，家庭经营与小规模经营不存在必然的联系，往往因资源禀赋结构不同而体现出不同的规模经营特征。

如图2-4所示，一方面，在发达国家中，澳大利亚、美国、法国、德国农场的平均规模均超过40公顷，而家庭农场仍然是这些国家主要的经营主体，最低的比例也达80%以上。另一方面，意大利、日本、韩国三个以家庭农场为主要经营主体的发达国家，农场规模普遍低于8公顷。上述数据表明，相对于欧美澳等国家，日韩等国家家庭经营体现出明显的小规模经营特征。两个方面联合表明，家庭经营与小规模经营不存在必然的联系，既可以是小规模经营，也可以是大规模经营，取决于该国家资源禀赋的构成情况。例如，澳大利亚、美国、法国、德国等发达国家其资源禀赋结构的典型特征为"地多人少"，而日本、韩国等国家则是"地少人多"。针对上述认知分歧，钱忠好（1998）指出，家庭经营与规模经营并非一种矛盾关系。一是无论是发达国家还是发展中国家，大小农场的劳动力均主要来自家庭而非雇佣；二是随着市场经济发展水平的提升，家庭可以自动完成从自我消费到社会消费的转型升级，从而不同于自然经济下的小农经营；三是现代生产要素的使用，可以促进家庭经营耕作技术的提升，实现规模经营目标。韩朝华（2017）进一步指出，无论是从土地经营规模来看，还是从农产品产值规模来看，农户的经营规模处于稳步提升的态势，并且完全有可能从小规模跃迁到超大规模。但是，从劳动力规模来看，其常用的劳动力不过2~3人，规模经营仍不过是个体农户。所以，为避免家庭经营与规模经营的认识误区，我们必须注意衡量规模经营的相关指标。

表2-4 世界部分国家家庭农场资源拥有情况

数据来源	国家	地区性质	家庭农场平均规模（公顷）	家庭农场比例（%）
Lowder（2014）和 Fao（2013）	澳大利亚	发达国家	34.1	缺失
	美国	发达国家	72.8	90
	法国	发达国家	45	81
	德国	发达国家	40.5	93
	意大利	发达国家	7.6	98
	巴西	发展中国家	72.8	97
	中国	发展中国家	0.68	100
	印度	发展中国家	1.3	100
	日本	发达国家	1.2	缺失
	韩国	发达国家	1.1	缺失

资料来源：表格中的数据根据Lowder（2014）及其提供附录的Fao（2013）数据整理所得。

3. 农业家庭经营与农业现代化的关系

农业家庭经营既然是世界范围内普遍存在的一种农业经营方式，那么为什么不同的国家在农业现代化进程中存在巨大差异？农业家庭经营是否阻碍了农业现代化的实现？关于农业现代化的定义，基于不同的视角具有不同理解。王锋（2015）认为，农业现代化的定义具有狭义和广义之分，如果仅从农业生产的角度理解，农业现代化主要限于农业技术进步。

但是，如果从整个国民经济整体考虑，则不单指农业内部的生产关系，而是整个社会的发展。农业现代化属于一个静态定义和动态定义相结合的概念，其内涵不仅具有时间维度的动态性，而且具有截面维度的差异性，这一特性决定了人们对其认识将伴随着时代的发展而有所不同（张海鹏等，2014；曹俊杰，2019）。同时，蒋永穆等（2019）也认为，农业现代化的内涵和特征是一个既具有世界共同性又具有明显差异性的概念，并且指出，中国特色农业现代化内涵已经从"农业增产"的单一化目标转向提质增效的多元目标取向演进阶段。罗必良（2020）指出，舒尔茨的农业两分法存在重大的缺陷，将农业视为一种经济产业的做法忽视了农业更为广泛的非经济功能，强调现代农业具有生产性、生活性和功能性定义，而农业现代化则是农业生产函数、效用函数和社会函数连续发生变化的过程。

农业现代化的最终目标在于发展现代农业，对其内涵的认知也进一步影响着家庭经营与农业现代化的关系认知。一方面，如果将传统农业与现代农业相对立，认为现代农业是一种资本密集型产业。那么，现代农业无疑具有大型机械设备、灌溉系统等资本密集型产业的特征，这往往并不排斥家庭经营方式的存在。例如，在农业现代化高度发达的美国，家庭农场依然是一种稳定的农业生产经营主导模式，并且家庭农场的固定资产投资处于持续增长当中。据美国农业部官网统计，美国 GCFI（Gross Cash Farm Income）低于 1 万美元的小规模农场的设备资产值从 1999 年的 2.61 万美元上升至 2017 年的 5.2 万美元，自我服务能力不断增强（见图 2-1）。

另一方面，如果从劳动生产率和全要素生产率的角度来看，资本密集未必是现代农业的典型特征，不仅存在规模不经济现象，也存在单位产出利润率下降趋势（韩朝华，2017）。所以，家庭经营方式可以借助土地节约型技术和劳动节约型技术实现劳动生产率和全要素生产率的提升。

总的来说，对于农业现代化的内涵和外延的理解一直处于动态的深化过程中，其中也形成了具有代表性的观点，具体如表 2-5 所示。

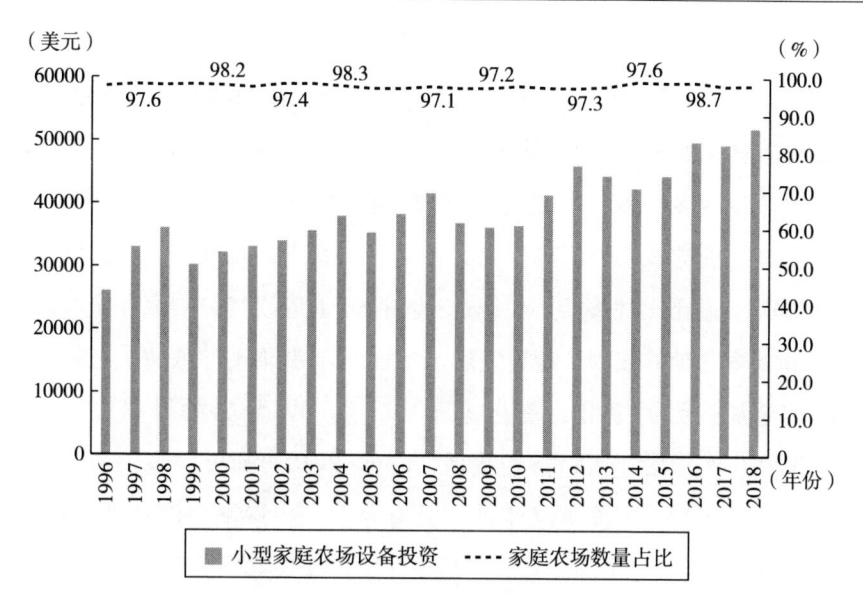

图 2-1　美国家庭农场投资与数量

表 2-5　关于现代农业和农业现代化的理解

文献来源	关于"现代农业"	关于"农业现代化"
中央一号文件（2007）	利用现代科学技术手段等，提高农业生产率，以及农业综合生产能力	传统农业和落后增长方式的对立
中央一号文件（2015）	从粗放走向集约发展	质量与效益并重
赵晓峰等（2019）	资本密集型产业	资本深化的过程
罗必良（2020）	生产性定义、生活性定义和功能性定义	生产、效用和社会函数综合变化的过程

注："粗放经营"的内涵是追求产量和依赖资源消耗；"集约经营"的内涵是数量与质量效益并重，提高竞争力、农业科技创新水平和可持续性。

4. 农业家庭经营的效率问题

长久以来，农业家庭经营是否具有效率一直是富有争议的问题。事实上，早在 1962 年，阿马蒂亚·森就首次提出了经营规模与效率的逆向关系（IR）。但是，直到现在关于经营规模与效率之间的关系仍然存在争议。与此同时，对于两者关系的多样性认知的研究也逐步丰富，并且形成了不同的结论。

（1）农业家庭经营规模与效率成正比。例如，基于世界农业普查数据研究发现，Adamopoulos等（2014）将世界范围内的国家按照GDP排序后发现，排在前1/5国家的家庭农场平均规模约为24亩，而排在后1/5国家的家庭农场平均规模约为812亩，前者与后者相去甚远。不仅如此，在贫穷国家中，规模不到2公顷的农场占70%以上；在富有国家中，规模不到2公顷的农场却只占15%。基于上述事实，他们进一步探究了造成贫穷国家和富有国家农场规模和效率分异的成因，最终发现土地面积限制改革导致的土地经营规模差异，是造成贫穷国家和富有国家全要素生产率分异的根本原因。基于1982~2012年美国农业人口普查数据，Key（2018）研究发现，美国玉米带地区的家庭农场规模对全要素生产率具有显著正向影响。而且进一步指出，过去30年规模经济对美国大宗农产品整合生产起到重要的推动作用，同时也反映出大规模农场比小规模农场在单位生产成本方面的优势越来越大。

（2）农业家庭经营规模与效率成反比。例如，基于1986~1991年国际食物政策研究所（IFPRI）巴基斯坦农户层面的微观数据，Heltberg（1998）检验了农场规模与生产率的关系。该研究发现，在控制家庭固定效应的情形下，两者仍然呈现显著的负相关关系。基于2010~2011年中国农业部固定观察点数据，程申（2018）对中国土地经营规模和粮食生产率研究发现，土地生产率、技术效率以及全要素生产率均与粮食播种面积之间存在显著负相关关系。基于生活水平测量研究—农业综合调查数据（LSMS-ISA），Julien等（2018）对东非三个国家（马拉维、坦桑尼亚、乌干达）的农场规模与效率的IR关系研究发现，这种反向关系在三个国家均稳健存在。基于2000~2008年孟加拉国发展研究所（BIDS）的全国农村调查数据，Gautam和Ahmed（2019）发现孟加拉国农场规模与效率之间呈现出IR关系，而且这一关系在时间序列维度上呈现出逐年下降的态势。总之，研究者普遍发现亚非地区发展中国家农场规模与效率之间存在负相关关系（Rada和Fuglie，2018）。

（3）农业家庭经营规模与效率呈现"U形"或"倒U形"关系。例如，基于2009~2014年印度ICRISAT VLS面板数据，Foster和Rosenzweig（2017）

发现农场规模与效率关系存在显著的"U形"关系。在一定规模内，农场效率随着规模的提升将不断下降，当超过某一范围，农场的效率将随着规模的提升不断提高。该研究进一步指出，交易成本是导致小规模农场效率更高的原因，但像印度一样的发展中国家，由于家庭农场数量众多而规模狭小，从而无法利用机械实现规模经济。而高收入国家达到"U形"曲线右端形态的重要原因就在于其通过机械实现了规模经济。基于2008~2013年中国农业政策研究中心（CCAP）农户层面的微观数据，Shen等（2019）对中国北方地区家庭农场规模与玉米产量的关系进行了研究。该研究发现，在控制作物特征后，规模与效率的关系从"明显"的"倒U形"关系转变为"温和"的"倒U形"关系，表明IR关系仍然存在于小规模农场中。该研究进一步表明，农户对劳动和资本投入的选择行为可以使非线性的关系变得平滑。

　　从现有研究来看，关于农业家庭经营规模与效率的研究，不仅没有形成一致的研究结论，而且关于两者IR关系的成因同样未形成一致观点。关于上述分歧的原因，要素市场不完备和土壤质量被视为两个重要遗漏变量。一是要素市场不完备。Feder（1985）认为农业家庭经营规模与效率的系统关系取决于劳动监督和信贷可得性两个重要因素。如果家庭成员能够对雇工成员实施有效监督，并且信贷的可得性取决于所拥有土地的数量，那么两者将呈现正相关关系。相反地，在完全市场条件下，土地和资本市场是完全的并且每个家庭均追求利润最大化。由于每个家庭所拥有的劳动是一种固定资源，将借助信贷市场自由选择租入或出租土地，从而保持与劳动力数量相称的经营规模。在这种情况下，每亩的劳动投入都是相同的，家庭经营规模虽然扩大或缩小，但是经营效率却维持不变。因此，在资本市场不完全的条件下，家庭土地的持有和资源利用格局将取决于有效劳动与产出弹性的相对大小，以及劳动力弹性与劳动监管的相对大小。二是土壤质量。基于国际半干旱热带作物研究（ICRISAT）数据，Lamb（2003）对土壤质量和劳动力、土地不完全市场在IR关系中的作用研究发现，在随机效应模型中，土壤质量可以解释大部分家庭农场的 IR 关系；但是在固定效应模型中，测量误差对 IR 关系的成因起着更为重要的作用。与上述研究结论不同的是，Barrett（2009）利用美国国际开发署基础合作研究支持项目（UBCRSP）2002 年的数据从土壤的碳、氮、钾含量、土壤 pH 值和黏土、粉土、沙土的比例对土壤质量进行了更精细的控制后研究发现，要素市场的不完备仅能解释 IR 关系的 1/3，而土壤质量几乎对此没有影响。综上所述，要素市场不完备以及土壤质量两种重要遗漏变量对于 IR 关系的成因虽然具有一定解释力，但在研究结论上依然不能形成共识。

整体而言，多数研究发达国家的学者发现农业家庭经营规模与效率之间存在正相关关系。这与新古典经济学理论所指出的农业生产中存在规模经济假说是相符合的，即在一定范围内，随着生产规模的扩大可以带来经济效益的增加。但是，不同于对发达国家这一问题的研究结论，多数研究发展中国家的学者发现农业家庭经营规模与效率之间存在反向关系和复杂相关关系。相比较而言，对于美国、欧洲等发达国家，一个不争的事实在于其"人少地多"的资源禀赋条件，这往往也被认为是适合大规模农场发展及其产生规模效益的主要原因。而对于其他"人多地少"的经济体而言，这种正向结论不一定具有借鉴意义。正如 Rada 和 Fuglie（2019）所说，这些研究只能表明世界上可能根本不存在单一的农业最优产业结构；相反地，农业最优产业结构可能随着经济发展阶段的不同将不断演变。例如，非洲的小农场在经济发展水平提高之前并不会拖累经济增长；但是，经济水平提高之后，小农场可能会自主走向规模化生产。

三、生产环节外包经营的研究进展

1. 生产环节外包的产生动因

目前，大量研究关注了农户生产环节外包需求产生的动因。在解释生产环节外包的产生动因时，资源禀赋和交易成本是理解其中原因的两条重要理论线索（蔡荣等，2014）。此外，机会收益与产权激励等也被作为理解生产环节外包产生的重要理论视角。

（1）缓解资源禀赋约束视角。其一，缓解劳动力约束。Tadeo 和 Martínez（2006）在研究西班牙柑橘种植农户外包行为时指出，由于非农工资高于农业工资，大多数的西班牙家庭农场存在兼业行为，并且为了在农忙季节缓解劳动力的约束，农场所有者选择将不同的环节外包给不同的服务商以缓解劳动力约束。比如，将采摘环节外包给贸易商，将果树修剪、耕地、灌溉等环节外包给当地小型公司或专业合作社。其二，缓解资金约束。劳动力和农业机械是农户为了完成农业生产活动，所必须准备的两种生产资料。胡凌啸（2018）指出，在整个农业生产环节购置农业机械需要投入高昂的初始投资成本，如果农户自主购买从整地到收割每个环节的机器，至少需要几十万元。但是，如果通过合约和外包的方式使用服务商提供的农业机械，则可以缓解农业机械投资约束。其三，缓解技术约束。陈超等（2012）认为，在不具备技术优势的环节，如果农户能够把相对应的生产过程委托给专业化的服务主体，不仅可以提高相应环节的技术水平，而且在学习效应的作用下，农户能更好地掌握相应环节的技术要领。此外，杨子等（2019）认为，由于公共农技推广资源的限制，多数农户难以直接获得有效的技术指导，而生产环节外包可以充当人力资本传递器，将更高附加值的技术输送给农户。

（2）节约交易成本视角。交易成本理论从理论上解释了为什么交易主体更偏好某种特定形式的交易，而一项特定的交易在企业内部进行还是通过市场进行，取决于组织方式的相对成本（Man 等，2017）。因涉及农户购买服务的决定，农业生产环节外包从属于一种市场交易行为。从交易成本的三个维度，Vernimme 等（2000）以比利时农场管理外包为例，解释了外包如何节约交易成本。该研究指出，在资产专用性方面，劳动时间也是一种专用性资产。当某一农业生产环节构成越复杂、操作越困难，相应地需要越多的劳动时间，农户从事该环节的机会成本也越高，从而外包的可能性也越高。在交易频率方面，外包服务提供商可以减少农户与税务等政府机构的交易或接触次数，节省农户往来的时间和交通成本。在不确定性方面，价格变动或补贴政策变动等不确定性因素，使农户农业生产因不能及时调整而面临收入下降风险，而专业技能和经验更高的外包服务提供商，可以在信息渠道方面为农户提供生产指导，从而减少上述不确定性带来的风险。

此外，在研究烟叶种植农户的外包行为时，林俊瑛（2019）实证发现，在资产专用性方面，物质和人力资产的专用性对农户外包决策具有正向影响，但农机专用性资产对农户外包具有负向影响；在不确定性方面，自然风险、市场风险和信息可获得性对农户外包决策存在正向作用。在研究法国农业外包行为时，Nguyen（2020）指出，在资产专用性存在的前提下，农户拥有生产环节的所有权在理论上应优于外包，选择生产环节外包行为是不符合交易成本的基本理论基础。通过进一步实证分析，该研究指出，只有事前激励存在的情况下，出于经营战略原因，农业外包才能优于所有权拥有。此外，Tan等（2016）从交易成本视角，开展了类似研究，但在结论与Nguyen的研究基本保持一致。

（3）获取机会收益视角。除了缓解劳动力和资金约束，一种可能性在于务工收入机会收益远大于务农机会收益，因此农户在比较机会收益后更容易产生外包需求。基于水稻种植农户的样本数据，陈超等（2012）实证发现，生产环节外包的程度不仅与土地经营规模有关，而且与劳动力供给有关。一方面，小农户和大农户的外包程度远大于中等规模农户；另一方面，大农户服务外包的直接动因在于缓解劳动力约束，而小农户外包的直接动因则在于进入劳动回报更高的非农产业。

此外，部分已有研究关注了制度因素对农业生产环节外包的影响。农地确权的激励效应，产权的稳定性一直被视为影响农户生产性投资的重要影响因素，产权越稳定越有利于激励农户的长期投资行为。例如，李宁等（2019）研究发现，确权与农业生产外包之间存在着正相关关系。一方面，农地确权可以提高产权的稳定性，为服务主体进入农业进而与农户分享农业剩余谋取合法机制。产权是交易的基础，农地确权是对土地经营权的进一步细分，会在法律层面进一步强化农户土地的身份权利和人格化财产权利（罗必良，2016），增强农户关于土地的市场交易能力。从而有利于农户与服务主体间以土地经营权为纽带，为服务主体进入农户生产环节分享农业剩余提供法律保障。另一方面，农地确权有利于促进生产环节外包市场交易规模和交易频率的增加，扩大生产环节外包市场容量，降低农户购买服务的交易费用。

2. 生产环节外包与农户福利

农业生产环节外包是否为农户带来福利效应是现有研究重点关注的内容之一。在现行的标准下，收入和闲暇是判断农户福利的两条主要标准。收入和闲暇是任何劳动者追求和向往的劳动福利，其中收入是衡量农户福利的重要标准，也是农户享受闲暇和消费的来源与基础，而闲暇则是农户福利的另一个重要体现。

（1）生产环节外包与农户收入。从已有研究来看，该主题尚未形成统一结论。一是农业生产环节外包与农户收入正相关。例如，基于长江流域6省份数据和内生转换模型，在反事实框架下，杨志海（2019）实证发现农业生产环节外包对农户纯收入存在显著的促进作用，可以使农户年均收入增长9.6%。此外，刘明辉等（2019）、邱海兰和唐超（2019）等学者与上述研究结论保持一致。二是农业生产环节外包与农户收入负相关。例如，基于2003~2017年省级面板数据，张荐华和高军（2019）在城乡收入层面考察了农业生产性服务的影响，该研究为此提供了基本的经验证据。

（2）生产环节外包与农户闲暇。一是正向影响。例如，杨志海（2019）研究表明，农业生产环节外包对于降低农业劳动的投入量具有显著作用，并且对于增加农户家庭年均纯收入具有正向作用。上述研究意味着，在同等经营收入的情况下，相对于不采用农业生产环节外包，采用外包方式可使农户家庭获得更多的劳动闲暇时间。二是不存在影响。段培等（2017）研究指出，当农户的闲暇消费效益大于外包费用时，农户将选择外包服务获得闲暇，从而享有闲暇带来的正效用。Mi等（2020）在分析新疆棉农的外包行为时发现，农业生产环节外包对农户的消费支出和闲暇时间并没有明显的改善作用。

上述文献表明，农业生产环节外包在农户增收效应方面并不具有一致性。此外，中国农业劳动力结构具有明显的"老龄化"和"女性化"特征，如果考虑到被替代群体的人力资本特性，被生产环节外包替代的劳动力如果不能通过有效途径获得非农工作，这不仅不利于非农收入的增长反而增加了家庭经营成本，从而将进一步制约农户收入增长。更进一步地，农业生产环节外包还可能对进一步导致农户内部收入差距扩大。一方面，农业生产环节外包刺激了服务主体的发育，加速了农户之间职业和收入的分化；另一方面，农业生产环节外包改变了农户间原有的收入分配格局，使得服务主体在收入分配中占据优势。因此，农业生产环节外包可能扩大农户间收入差距抑制农户收入可持续增长。

3. 生产环节外包与农业生产

（1）生产环节外包与粮食生产。粮食产量主要取决于播种面积和单产的两个方面，但是在"大国小农"的现实背景下，当前粮食单产是粮食产量的主要决定因素。在农业生产环节外包对粮食产量方面，已有研究并没有形成一致性的结论。一是农业生产环节外包与粮食产量正相关。例如，基于CHIP的水稻种植农户数据，王玉斌和李乾（2019）实证发现，外包与粮食单产之间具有显著的正相关关系。陈品等（2018）以水稻种植农户病虫害防治外包行为研究发现，外包有助于缓解农时延误对产量的负面作用。以上研究表明，农业生产环节外包促进粮食增产的机理体现在两个方面：一方面，劳动力转移造成的农业劳动力年龄、性别结构失衡，是造成粮食单产下降的重要原因。而生产环节外包可以降低对劳动力的体力和人力资本要求，从而缓解对粮食单产的负面影响。另一方面，因劳动力季节性短缺引发的病虫害防治、"抢收和抢种"等关键生产环节的"农时延误"，也是造成粮食单产下降的重要原因。而外包可以通过外部劳动、机械要素对劳动力进行有效替代，缓解劳动力季节性短缺造成的农时延误，从而缓解对粮食单产的负面影响。二是农业生产环节外包与粮食产量不相关。例如，基于农户调查数据，李轩复等实证发现，农业生产环节外包虽然对小麦存在正向影响，但对玉米和水稻均存在显著的负向影响。

（2）生产环节外包与农业种植结构。农业生产环节外包有助于使用机械替代家庭劳动力，因此在种植结构中更易于被机械替代的农作物品种将更加具有比较优势，从而在种植结构中占据主导地位（仇童伟等，2018）。一方面，不同类型的农作物被机械替代的程度不同，对于经济作物而言，其生产经营过程难以机械化，对于劳动力的依赖性强。另一方面，对于粮食作物而言，其生产经营过程宜机化程度高，对于劳动力的依赖性低。由此，一旦农户非农就业机会增加，理性的农户在机会收益的驱使下，必然减少对农业的投入或将生产环节外包，进而促进农户种植结构的"趋粮化"。

（3）生产环节外包与农业规模经营。一是促进服务规模经营。王志刚等（2011）研究指出，生产环节外包具有易采纳、易推广等特点，而且不需要改变农地的产权归属和功能。因此，在"三权分置"的背景下，细分的经营权既保障了农户对承包土地的控制权，又为外包供给主体参与农业生产提供了制度保障（罗必良，2017）。因此，当农户外包服务需求总量达到一定市场容量时，可以诱导不同生产环节服务主体的进入，促进农户与服务主体间的分工深化，形成以外包服务为"中间商品"的服务规模经营。二是促进土地规模经营。由于通过外包的方式，可以引入家庭外的生产要素，因而可以放松家庭经营资源禀赋的约束，进而可能诱导农户扩大土地经营规模。例如，基于CFPS微观农户数据，杨子等（2020）实证分析了农户生产环节外包对土地规模经营的影响，该研究发现生产环节外包可以缓解农户生产要素约束，提高土地规模经营的可能性。

（4）生产环节外包与农业生产效率。在宏观层面，既有研究多将不同省份视为决策单元，从整体上考察农业生产性服务业发展对生产率的影响，但是存在着相反的结论。一是正向影响。例如，郝爱民（2015）实证发现，农业生产性服务业发展能够将专业技能和资本投入农业生产过程中，提升农户专业化水平，进而提升农业全要素生产率。基于2004~2016年省级面板数据，陈明和李文秀（2018）研究发现，农业技术研发、信息服务和货物运输仓储服务对农业TFP存在显著的促进作用。基于2003~2016年省级面板数据，郝一帆和王征兵（2018）研究发现，农业服务业规模提升和空间集聚对农业生产率存在显著正向影响，并且这种影响主要通过技术进步得以体现。二是负向影响。例如，基于2004~2014年省级面板数据，秦天等（2017）研究发现，农业生产性服务业与农业TFP两者呈现先负后正的"U型"关系。此外，基于2005~2014年省级面板数据，以生产性服务行业为例，钱龙（2018）研究发现生产性服务业对生产率具有正向影响，并且生产率的提升将作用于生产性服务业的发展。

在微观层面，已有研究一般将不同农户视为决策单元，从组织视角考察生产环节外包与农业家庭经营效率的关系。但是，与宏观层面一样，微观层面的结论也存在着争议。一是正向影响。例如，基于江苏省农户调查数据和C-D生产函数，陈超等（2012）研究发现，虽然不同环节生产率存在差异，但是总体上生产环节外包可以有效提升农业家庭经营效率。Zhang等（2018）认为，为了应对劳动力成本的上升，农户将一些劳动密集型的环节外包给专业的机械化服务供应商，可以有效降低生产成本，提升家庭经营效率。基于2000~2015年小麦主产区的成本收益数据和超越对数生产函数，胡祎和张正河（2018）研究发现，农机服务外包能显著提高农业家庭经营的技术效率。此外，Adu-Baffour等（2019）对非洲赞比亚农民的机械外包行为考察，以及Sheng（2018）对澳大利亚粮食种植农户外包行为的考察也得到相同的结论。二是负向影响或无影响。例如，基于江苏和江西农户调查数据和超越对数生产函数，张忠军和易中懿（2015）研究发现，虽然技术密集环节（育秧、病虫害防治等）外包则对农业家庭经营效率存在显著正向影响，但是劳动密集环节（整地、移栽、收割等）外包对农业家庭经营效率不存在显著影响。基于CLDS的粮食种植农户数据，武舜臣等（2020）研究发现，农业生产环节外包对粮食技术效率存在显著负向影响，并且规模越大，这一效应越凸显。基于2013~2015年CCAP的数据，Qing等（2019）实证发现，相对于自有机械的农户，使用农业机械服务外包对农户技术效率不存在影响。

总体而言，农业生产环节外包对农业家庭经营的影响是双方面的。一方面，农业生产环节外包有助于弥补家庭经营的功能缺陷，在一定程度上可以缓解劳动、资金、技术限制以及农机作业面积狭小等困境。另一方面，农业生产环节外包也重塑了家庭经营形态的结构，弱化家庭经营的生产经营职能。这意味着农业生产的各个环节不再由农户家庭独立完成，而转变为与效率更高的农业服务组织共同完成，而且与生产服务商在一个大盘子中分割农业剩余。此外，农业生产环节外包增强了家庭经营形式的弹性空间。在农业生产环节外包的框架下，家庭经营形成了多样化的经营模式。例如，托管模式、联合经营（联营）模式、共同经营（共营）模式等，这些新型的经营模式均在家庭经营的基础上，推动着农业现代化的持续前进，使家庭经营形态从"独立经营"走向"综合经营"。

四、评述

农业产出的增长包括投入的增长和全要素生产率的增长，在评价农业经济高质量发展和综合竞争力等方面，农业全要素生产率测度具有重要意义（周端明，2009；叶璐和王济民，2020）。自1978年包产到户以来，农民家庭成为从事农业生产经营的最基本的组织形式，农业竞争力等问题也最终体现为农业家庭经营效率（李谷成等，2007，2008）。从已有研究来看，农业生产环节外包经营对农业生产和农民增收的影响并没有形成一致性的观点。

第一，农业生产环节外包是否可以促进农业生产效率从低效率向高效率演进尚存在争议。一方面，从劳动分工效应视角来看，农户将部分环节交由更专业的服务组织，可以因外部技能的精进而带来效率的改善，从而在理论上支撑了农业生产环节外包可能带来的效率提高。另一方面，农业生产性服务作为一种市场交易，农户间因契约合作将难以避免委托代理、交易费用问题，甚至面临服务组织的差别化定价和垄断定价策略（仇童伟，2019），增加更多的交易费用，因而农业生产环节外包也可能带来生产效率损失。此外，已有研究多直接比较外包农户与非外包农户之间的效率差别。但是，当前我国农业外包主要为大田粮食作物的机械外包，非外包农户中包含了拥有机械和没有机械的两类农户，因此只有将外包农户与以上两类分别进行效率比较，才能解决因农户异质性带来的效率比较内生性问题。

第二，农业生产环节外包是否可以促进农户收入从常规向"超常规"跃迁尚存在争议①。一方面，农业生产环节外包可能会拓宽农户增收渠道。一是农业生产环节外包有助于刺激服务外包劳务市场的发育，创造本地非农就业机会，促进农户家庭非农收入的增长。二是农业生产环节外包有助于增强农业家庭经营收入的稳定性和可持续性，可通过提高单产、产品质量等方面，提升家庭经营收入，促进经营收入的稳定性和可持续性。另一方面，农业生产环节外包可能会导致农户减少收入。从生产要素所有权来看，农业生产环节外包将使得更多农户从依赖自有要素过渡到非自有要素。根据新古典要素分配理论，要素的报酬最终将归要素拥有者所有。实际上，如果农户采用生产环节外包，必须将家庭农业收入与农业生产服务提供者共享，或者与其进行利润分割。因此，如果过分依赖农业生产环节外包，这也可能会造成农户生产成本不断提高和经营利润的下降。

第三，农业生产性服务支持政策应保持中立还是有所偏重尚缺少有关探讨。农业生产性服务支持政策作为农业支持政策的一种，本身的目的是寄希望于在农地规模化困境下，更有效地提升农业生产效率。一方面，从单纯的农地服务市场来看，各类农业财政资金的投入对农户和服务组织均具有支持作用，农户可以降低投资和管理成本，服务组织可以管理更大面积，而且不必提供高昂的地租，进而会带来生产效率的提升。另一方面，从农地服务市场与农地流转市场互动视角来看，农业生产性服务支持政策是否会阻碍农地流转市场的发育，降低本来可以退出农业生产的农户土地供给意愿，导致土地供需发生错位和成本提高，增大对专业大户的生产效率造成损失，从而造

---

① 农民收入"超常规增长"对于畅通国内循环、城乡融合发展具有重要意义，"超常规增长"是不同于常规增长的一种经济增长状态和模式，主要体现在经济增长速度和稳定性两个方面（王小华等，2016）。

成整体的农业生产效率损失。因此，究竟应该采取何种政策态度，取决于农业生产性服务政策对农业生产效率的影响，但这一问题并没有在已有研究中得到充分探讨。

第二节　理论借鉴

一、诱致性技术变迁理论

诱致性技术变迁理论又被称为"速水—拉坦"假说。这一假说建立在"诱导创新理论"理论之上。"诱导创新理论"认为新技术的产生是由相对稀缺的要素所决定的。一般而言，某种要素越稀缺，其相对价格也越高，最终会被相对丰裕而廉价的要素所替代，而这一替代过程将会产生新的技术，从而也可以消除稀缺要素对经济增长的制约。根据"诱导创新"理论，在《农业发展的国际分析》一书中，速水—拉坦进一步将上述理论应用于农业技术创新分析中，并且称为"诱致性技术创新"。相对于以往的经济学理论，诱致性技术变迁理论包含两个方面的不同见解：第一，农业技术进步产生条件的完善。在新古典经济学理论下，生产率和产出增长是农业发展的最本质特征，而且技术进步属于生产率增长的外生给定条件。但是，他们认为新制度供给和新技术发展往往是农业生产率和产出增长最为直接的原因，因而不能被作为外生条件。第二，农业技术进步类型的区分。在比较美国和日本农业现代化实现路径时速水佑次郎和弗农·拉坦指出，日本、美国在土地和劳动力的相对禀赋方面存在着极大差异，1880年美国男性劳动力人均耕地面积是日本的60倍以上，而到1980年则扩大到100倍以上。不仅如此，劳动力和土地的相对价格也截然不同，在1880~1920年美国劳动力的价格相对于土地的价格不断上涨，而日本在1880~1900年则正好相反。虽然如此，但是美国和日本的农业产值和生产率都达到了较高的增长值。通过进一步研究上述异同速水佑次郎和弗农·拉坦发现，美国和日本农业生产率的增长来自两条不同的路径。美国通过机械技术进步促进了其他动力对劳动力的替代，而日本则通过生物技术实现了对土地的替代。正是基于这样的发现，将技术进步方式区分为劳动节约型和土地节约型两种不同类型。这一分类与其假说很好地形成了逻辑上的自洽，即机械和生物技术两种不同的技术进步类型，反映了对相对要素价格变化做出反应的要素间的动态过程。诱致性技术创新的过程可以用图 2-2 表示。

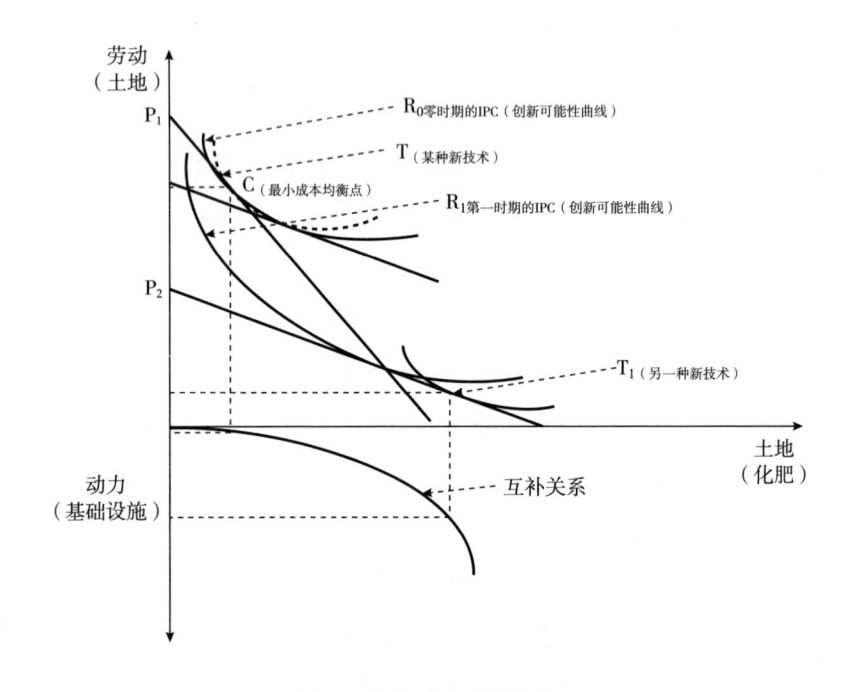

图 2-2 诱致性技术创新过程

资料来源：该图由笔者根据《农业发展的国际分析》第四章对应内容绘制。

在图 2-2 中，R_0 代表一条缺乏弹性的等产量曲线包络线。在价格为 P_1 时，社会能够以最小成本 C 产生新技术 T，并且此时的各项生产要素均达到最优配置。R_1 代表第一时期的 IPC，T_0 和 T_1 代表新技术。一是机械技术进步的产生过程。假定从 I_0 到 I_1 时期，劳动力相对于土地变得更加稀缺，并且有可供给的更为便宜的动力来源。因此，当价格从 P_1 向 P_2 变化时，将会产生另一种新技术 T_1，从而使得农户能够利用更多的动力经营更多的土地，一般而言，农户扩大土地面积需要更多的动力，这意味着土地和动力之间存在着互补关系。二是生物技术进步的产生过程。假定从 I_0 到 I_1 时期，土地相对于化肥变得更加稀缺，并且有可供给的更为便宜的动力来源。因此，当价格从 P_1 向 P_2 变化时，另一种新技术 T_1 可以帮助农户获得更高的产量，同时也对农田水利等基础设施提出更高的要求。

诱致性技术变迁理论问世后在学术界得以广泛关注和应用，为要素禀赋不同的国家农业现代化道路指明了一条清晰的可选路径，不仅弥补了舒尔茨等学者关于农业现代化理论的缺陷，也为不同国家的农业发展指明了方向（郭熙保和苏甫，2013）。虽然如此，但是关于该理论的应用仍然存在许多争议，一部分学者认为该理论只适用于美国和日本等要素市场完善的发达国家，但对于市场体制尚不完善的发展中国家适用性有限，其主要理由在于这些国家存在要素价格信号扭曲，不能真实反映要素的相对稀缺性。面对这种争议，林毅夫（1992）研究指出，尽管在劳动力流动和土地出租均受到限制的不完全市场条件下，诱致性技术变迁理论仍然具有较好的解释力。一方面，要素价格虽然难以客观反映真实的稀缺性，但是在收入最大化动机的驱动下，要素相对边际生产率的变化将诱使生产者在不同技术之间做出正确抉择。另一方面，虽然在前提假设上，诱致性技术变迁理论仍然存在局限性，但是具有被广泛借鉴和应用的一般性意义，尤其体现在中国农业问题研究方面。

诱致性技术变迁理论为本书解释农业生产服务方式的异化提供了基本的理论支撑。对于理性农户而言，收入最大化是家庭经营的主要目标，而要素相对价格的变化将促使家庭经营方式的变革，如劳动力价格的上涨，将促使农户选择相对价格更低廉的农业机械进行替代。

二、劳动分工与专业化理论

古典经济学家亚当·斯密在最早提出劳动分工和专业化理论，认为劳动分工是劳动生产率和经济增长的源泉。其从以下几个方面解释了劳动分工的作用：第一，劳动分工可以不断提高劳动者技能的熟练程度和精细程度。第二，劳动分工可以减少劳动者场地转换和职责变换所耗费的时间。第三，劳动分工可以简化操作流程，为劳动者获得更多的思考时间，并且为研发和制造机械创造可能性空间。在劳动分工的决定因素方面，斯密认为分工取决于市场容量。然而这一推断却存在着一个两难问题：一方面，假如劳动分工的程度受到市场容量的制约，则市场结构的基本特征应当属于非完全竞争的类型。另一方面，假如市场结构属于完全竞争的类型，则斯密定理的基本推断就无法成立（王瑶，2011）。

亚当·斯密主要是对企业内分工这一种劳动分工形式进行了阐释，但是没有对社会内分工进行充分关注。在其看来，劳动分工本质上是劳动技能专业化程度的提升，这一视角主要局限在企业内产品环节的分工。但是，其后越来越多的学者认为，劳动分工不仅应包含企业内的分工，还应该包括企业间的分工，即社会分工。例如，杨格认为"生产迂回程度"是一种重要的劳动分工，当中间产业数量越多、产品越丰富时，生产与产出之间的链条将得以延长（朱勇，1998）。因此，劳动分工的程度一方面由劳动专业化程度决定，另一方面由生产多样化和迂回程度决定。就此可知，劳动分工与市场范围之间存在着联立因果关系，一方面市场范围将决定劳动分工的程度，另一方面劳动分工的程度也将决定市场的范围，即所谓的"分工取决于分工"机制。概括而言，在庞巴维克所提出的"迂回生产"基础上，杨格将劳动分工理论的内涵与外延进行了拓展，而且其核心内容在于提出经济增长的可能性存在于分工与市场两者动态互动的关系中，将斯密定理由静态提升到动态之中。虽然杨格提出了杨格定理，却没有给出有力的证明。

在20世纪90年代初期，超边际分析方法开始成为新古典经济学研究的重要工具，这一形式化的数学方法为经济学发展提供了严谨的理论与技术支撑（杨小凯，1999），为分工和专业化涉及的视角问题解决提供了有力武器。杨小凯作为超边际分析方面的权威，不仅进一步在理论和数学上证明了杨格定理，而且将劳动分工与交易费用联系在一起，指出交易费用包括市场协调等费用以及空间距离损耗两部分，而市场的理性行为将导致"分工经济与交易费用两难冲突"（何雄浪，2006；聂辉华，2002）。基于超边际一般均衡方法，庞春（2010）分析认为，专业化和分工水平所带来的交易效率提升，是中间服务商产生的根本原因。郑小碧等（2020）分析指出，分工演进取决于交易效率，因此交易效率的提高将促使传统外包走向众包，伴随该变迁过程，劳动力配置效率、生产率、生产链条额迂回程度均将得到改善，经济也将得到高质量发展。

分工和专业化理论为本书分析农业生产服务方式选择与粮农生产效率研究奠定了扎实的理论依据。首先，农业生产环节外包本质上是农户与服务提供商之间的一种交易行为，属于分工的范畴。其次，分工促进了农户与服务供给商的专业化程度，理论上有利于通过分工效率提升农业家庭经营效率。最后，分工与市场的动态互促推动生产率提升，为农户生产外包的效率效应提供了支撑。

三、委托代理理论

委托代理理论是新制度经济学和信息经济学的重要研究内容，其代表人物有Coase、Jensen、Meckling等（冯根福，2004）。委托代理主要是指代理人接受委托人的委托而代为行使某些权利，而偏好、道德等信息不对称则是委托代理问题产生的根源。委托人和代理人之间产生的种种利益方面的冲突，包括道德风险问题、逆向选择、机会主义等问题。因此，只有通过合理的机制设计或制度激励，才能够对委托人和代理人双方的行为形成有效约束，防止委托代理问题的无序扩大。

在新制度经济学框架下，委托代理理论遵从"理性"的基本假设。这一假设意味着利益冲突和信息不对称广泛存在于双方当事人之间。因此，在既得利益不一致的情况下，如果信息可以在当事人之间得到有效沟通，那么双方可找到最优策略。但是，在利益不一致的情况下，如果信息无法得以有效沟通，那么可能引发逆向选择或者道德风险问题，而且双方可能将难以找到最优策略。

针对上述问题，单一委托代理理论指出可以通过事前的机制设计或者契约的事后约定，使当事人能够按照既定的规则行事。对于激励和约束两种方案，Fama（1980）激励方案的效应可能被夸大了，他认为即便不采用此策略，为了维护自身的声誉，代理人依然具有勤奋工作的主观能动性。在传统的单一委托代理基础上，Holmstrom、Wookherjee、Levitt等众多学者发展了双边委托代理理论，认为当委托人无法对代理人的行为进行监督或者监督成本较高时，委托人可以根据其他代理人的产出对某一代理认为的行为进行最优契约设计，从而保障企业的经营绩效。此外，由于股权的特征不同，冯根福（2004）提出了符合中国情形的双重委托代理理论，认为西方经典的单一委托代理理论建立在股权分散的基本假设之上，而没有涵盖如何防止大股东损害小股东利益的突出问题。因此，单一委托理论对于股权高度集中的组织治理问题并不适用。在此基础上，双重委托代理理论认为，企业的大股东不仅与经营管理者之间，而且与中小股东之间均存在着信息不对称问题。

在双重委托代理理论的基础上，Holmstrom和Milgrom（1991）等进一步提出了多项任务委托代理模型。多项任务委托代理理论认为在从事多项任务时，单一委托代理理论和双边委托代理理论均因局限性而不适用。一方面，当代理人在从事多项工作时，时间分配在不同工作上的是存在冲突的。例如，企业销售人员不仅需要努力增加客户的数量，而且要保障售后服务质量。另一方面，在监管流程存在困难程度差异的条件下，经理人将倾向于把更多的时间和精力投入到不易被监督的工作上，从而导致代理问题。例如，销售业绩由于易被考核而被作为监督的主要手段，但是这将导致销售人员在销售环节投入相当多的工作时间和精力，而使不易被考核的售后环节质量下降，从而降低企业的经营绩效。

在农业生产环节外包过程中，农业服务主体可能存在降低服务质量的道德风险。因此，一旦农业服务主体发生机会主义行为，将导致农户耕地质量下降、产品质量得不到保障等问题，进而影响农业家庭经营效率。此外，农业监督一般很难实施，即使农业服务主体存在机会主义行为，也很难被发现。因此，根据委托代理理论，当存在重复交易的情形下，农业服务主体有动机提供高质量的服务，从而促成下次交易，而农户获得服务质量也可以在一定程度上得到保障。但是，由于当前外包服务市场尚不完善，这不能保障农户在下一次交易中依然可以获得高质量的农业生产性服务。总体而言，农业生产环节外包对于家庭经营效率的影响存在不确定性。

四、交易费用理论

交易费用概念的提法最早见诸斯密和休谟等经济学家的系列著作，但是直到1937年科斯发表《公司的性质》才达到广泛关注，此后经过威廉姆森、德姆塞茨、巴泽尔、张五常等的应用与发展才形成了较为完整的交易费用分析框架。交易费用没有明确的定义，一般根据研究需要而有着不同的定义，包括使用价格机制的费用、财产权利保护的费用、经济系统或制度运行的费用等。同时，在综合不同学者的各种定义之后，也有学者认为可以从契约或生产过程等角度对交易费用进行定义（伍山林，2000）。实际上，这种笼统的概括方式既说明了交易费用应用范围之广和多样性，也说明了交易费用的难以度量。但是，交易费用的度量局限并没有影响其作为分析不同行为主体交易关系的功能。

本书应用交易费用理论是和劳动分工联系在一起的。在劳动分工与专业化理论中，分工和专业化可以带来劳动生产效率的提升，但同时也受制于市场规模。很显然，市场规模是以市场交易为提前的，而劳动分工也必然是市场交易为前提的。因此，市场交易也必然引起交易费用。相反地，如果没有市场交易则无法形成劳动分工的基础，从而也不产生交易费用。也就是说，劳动分工必然会面临交易费用问题，而且交易费用会抵消劳动分工所带来的效率提升。在不同的制度结构下，交易费用和劳动分工的影响效应比例是不同的，从而对经济效率的影响也不同。例如，在计划经济时期，市场交易是在中央计划分配体制下完成的，随着市场交易的产生和发展，分工对提升经济效率本应该具有明显的带动效应，但是政策市场交易环节也面临着高昂的交易费用，这将足以抵消此效应。因此。计划经济体制并没有体现出相应的优势，进一步推动着市场经济的形成。

第三章 概念界定与理论分析

本章致力于解释农业生产服务方式对粮农生产效率的影响机理。首先，对家庭内部经营和生产环节外包经营两种农业生产服务方式进行了概念界定，进一步根据劳动力和机械两种要素的使用方式差异，将农业生产服务方式区分为传统自营、机械自营和生产环节外包经营三种方式。其次，从技术条件、制度条件、市场条件三维视角，分析了农业生产服务方式分化的原因。最后，依据第二章提到的诱致性技术变迁理论、劳动分工与专业化理论以及委托代理理论，分别对传统自营和机械自营、机械自营和生产环节外包经营以及传统自营和生产环节外包经营三种农业生产服务方式选择的效率差异进行了理论阐释，并且根据理论阐释提出相应的研究假说。

第一节 概念界定

一、农业生产服务方式

在经济学领域，服务主要指因经济契约所产生的交换关系总和。依据不同的分类方式，服务可以被划分为有形产品服务和无形产品服务，以及自我服务和社会化服务。进一步而言，农业服务可以包括产前、产中和产后环节的自我服务和社会化服务。在本书农业生产服务方式主要指在大田粮食作物的产中环节，农户生产要素的所有权差异所导致的不同生产经营方式，包括以要素自我服务为主的家庭内部经营和以要素社会化服务为主的生产环节外包经营两种形式。其中，家庭内部经营方式又可以农业机械使用情况分为传统自营和机械自营两种方式。据此，本书的农业生产服务方式主要包括传统自营、机械自营和生产环节外包三种方式。具体而言，传统自营是指农户依靠家庭内部劳动力和雇佣劳动力的方式实现农业生产自我服务，机械自营是指农户依靠家庭劳动力和自购农机的方式实现农业生产自我服务，生产环节外包是指农户依靠购买机械服务实现的农业生产服务方式。

二、农业家庭内部经营

在发达国家和发展中国家，农业家庭经营是一种主要的农业经营方式。相对于雇工经营、集体经营等形式，在激发劳动力的生产能动性，以及解决劳动监工等诸多方面，农业家庭经营具有明显优势，这也决定了其在相当长的时间内是农业经营的一种重要组织方式。有数据显示，全世界共有5.7亿多以家庭为基础的农场（Family-based Farms），并且以中、小型为主要形态。据FAO统计，在世界范围内，家庭农场占据所有农场形式的98%，并且用了70%的农业用地贡献了近80%的粮食生产。近年来，农业家庭经营正受到越来越多的关注和重视。一方面，联合国"国际家庭农业年"，肯定了家庭农业和小农农业在消除贫困和促进经济增长等方面的重要贡献（Graeub，2015）。另一方面，"联合国家庭农业十年（2019—2028）"倡议，更是将家庭农业置于国际议程中心，为解决家庭农业发展问题提供了整体性、针对性的发展指导计划。支持措施主要包括：发展有利于加强家庭农业的政策环境、支持青年并确保家庭农业的代际可持续性发展、加强家庭农业生产者的组织能力和农村地区的包容性服务、改善家庭农业生产者的社会经济包容度和福祉、建立气候适应型粮食系统、建立保护生物多样性及环境和文化的粮食系统，以支持家庭农业的发展。

农业家庭经营是一个尚未形成统一定义的概念。联合国粮农组织认为，劳动力来自家庭是其最为本质的特征，包括女性和男性劳动力。而且，除经济功能外，农业家庭经营兼有文化功能、经济功能等。不仅如此，相对于其他农业经济组织而言，农户家庭成员之间的经济契约关系是建立在血缘和亲缘基础之上的，并且共同享有生产经营的剩余索取权，农业家庭经营则主要指以农村土地为主要生产资料，依靠家庭劳动力，开展各项农业生产经营活动（尤小文，1999）。此外，农业家庭经营属于集生产和消费于一体的生产经营组织形式（郭庆海，2018）。结合上述研究的定义，可以从农业经济组织和农业经营两个概念的集合来理解农业家庭经营。

第一，从农业经济组织的视角来看，农业家庭应涵盖个体农户与家庭农场两种基本的农业经济组织。一方面，两者的劳动力均主要来自家庭，且以血缘关系形成生产合作关系。另一方面，两者均是集生产与消费于一体，并且能够实现生产经营的剩余索取权统一。此外，与其他农业经济组织相比，两者具有不同的经济特性。一方面，农业家庭不等同于"小农"，可以实现规模化经营和高效率。另一方面，农业家庭不等同于"私有经济"或"个体经济"，而是包括集体所有制等在内的所有制的组织实现形式。

第二，从农业经营视角来看，农业生产主要指为了家庭经营收入最大化，而合理配置劳动力资源和其他生产资料的过程。与农业生产略有不同，农业经营主要指为了家庭利润最大化，面向市场而做的生产要素投向选择，如种植结构决策、农资购买等产前活动，以及病虫害防治、农产品销售等产中、产后活动。结合农业经济组织和农业经营两个视角，农业家庭经营（或农业家庭内部经营）这一概念应涵盖三个典型特征：一是经营的客观对象是农业、种植业；二是经营的主体对象是农户家庭，以"代际分工"或"夫妻分工"的血缘关系为合作基础，不存在委托代理关系；三是经营资料是家庭劳动力，而非雇佣工人。

三、生产环节外包经营

农村家庭联产承包责任制改革，不仅重塑了中国农业的经营方式和组织形式，而且确立了农户家庭在农业经营中的主体地位。农业家庭经营在解决劳动监督成本和激励机制方面显示出独特的优势，对促进农业从封闭的小农经济迈向开放式的市场经济发展具有重大的理论和现实意义。然而由于分散经营、组织化程度低等现实条件约束，农业家庭经营逐渐暴露出市场和社会化生产（规模化生产）双重困境（罗必良，2020；李谷成和李崇光，2012；王洪清和祁春节，2013）。针对上述困境，学术界和政策制定者在农业产业组织模式和农业规模化路径方面进行了有益的探索。

其一，针对市场困境。"公司+农户""新型经营主体+农户"等产业组织模式的应用在一段时间内曾起到积极作用，但是由于合同契约双方存在机会主义、道德风险等行为，农户与公司等经营主体难以形成长期合作。其二，针对社会化生产困境。土地规模化流转的方式被寄予厚望，但是由于农户存在农地"禀赋效应"等因素的制约，农地流转效率陷入低效率的"内卷化"困境（朱文珏和罗必良，2019；匡远配和陆钰凤，2018）。在上述背景下，通过农业生产环节外包解决农业家庭经营困境的路径，受到学界和政策越来越多的关注。在理论层面，廖西元等（2011）认为，农业生产环节外包可以弥补家庭经营规模细小、功能弱的缺陷，促进农业家庭经营专业化和商品化的提升。此外，罗必良（2020）认为，与美国和日本道路不同，中国农业家庭经营与现代农业衔接问题的解决关键在于，通过农业社会化服务将农户卷入分工经济，并进一步指出，这种"服务型农业"是不同于美国和日本模式的"第三条道路"。2019年，针对衔接难题，国家从发展社会化服务，强化小农户发展的补贴、金融等多方面的政策着手，提出了系统性的解决方案[①]。虽然理论和政策研究已充分关注到农业生产环节外包对农业家庭经营的重要

[①] 详见《关于促进小农户和现代农业发展有机衔接的意见》。

性，但是有关农业生产环节外包的内涵却未得到应有的重视。

外包普遍存在于农业、制造业和服务业，在概念使用和界定上存在诸多定义。有学者认为，企业的外包行为属于通过合约的方式，把原本属于内部的生产经营活动外部化和市场化的过程。在这一过程中，发包商与承包商可以通过分工和协作，带动相关业务向专业化方向演进（庞春，2010）。也有学者指出，在内部生产要素的约束下，发包商为了追逐经营利润的最大化，更愿意在核心业务中投入更多的资金和人力物力，把非核心生产活动外包给合作伙伴，进而降本增效、提高核心竞争力（王立明和刘丽文，2007）。从上述定义可以看出：首先，外包是企业的一种经营活动管理方式，并且是一种企业行为。其次，外包属于一种发包商和承包商的经济契约关系，并且核心要素是契约或合同。最后，外包可以通过分工提高企业的专业化水平和生产效率。

参照经济学关于外包的定义，农业生产环节外包可以定义为，在生产要素的制约下，通过契约或者合同的方式，农户将家庭内部的农业生产活动外部化管理的过程。其包含两层基本含义：一是生产的社会化，体现在农业生产过程不再由农户家庭独立完成，而是作为社会经济再生产的一个基本环节，在其他部门的配合下共同完成。二是组织的系统化，围绕农业生产的各个环节，新型经营主体通过利润共享和风险共担的原则，与农户形成紧密合作、相互补充的系统组织体系（王志刚等，2011；孔祥智等，2009）。按照不同的分类标准，农业生产环节外包可以存在多种类型。比如，按照数量标准，外包能够被划分为全环节外包和部分环节外包。按照技术特性标准，外包能够被划分为劳动密集型外包和技术密集型外包（陈超等，2012）。

四、粮农生产效率

本书粮农生产效率是指粮食种植农户的农业生产效率，粮食种植农户范围包括种植玉米、水稻、小麦三种主要粮食作物的农户。农业生产率的测度可以从单要素指标和综合性指标两个不同维度进行考察，并且以上两项指标均在相关研究中得到广泛使用。但是，不同的效率指标考察的侧重性也往往不同，也蕴含着不同的政策含义。一般而言，如果孤立地考察单要素指标，则不能全面地反映经济增长的综合质量。因而，全要素生产率和技术效率两种综合指标的应用更为广泛。结合前人的研究成果，为了综合反映农业生产服务方式选择对粮农生产效率的影响，并且考虑到农业生产服务方式主要体现为管理手段的差异，本书主要采用技术效率（Technical Efficiency，TE）作为生产率的衡量指标。

技术效率的概念可以从两个视角理解，分别是：投入和产出视角。在投入视角方面，在要素的投入规模、市场价格等保持恒定时，如果按照确定的比例投入要素，技术效率可以被视为产品生产所消耗的最小成本与实际成本比例（Farrell，1957）。在产出视角方面，在要素的投入规模、投入比例以及市场价格保持恒定时，技术效率可以被视为产品的实际产出与最大产出的互利（Leibenstein，1966）。实际上，在规模报酬不变的假定下，投入和产出角度的技术效率是等价的概念。概括而言，技术效率反映了在现有的技术条件下，生产单元最大的产出能力或最小的成本能力，反映了对现有技术的发挥能力。

第二节　农业生产服务方式的分化机理阐释

回顾农业生产服务方式过去几十年的演变路径，不难发现，农业生产服务方式之所以从家庭内部经营走向与生产环节外包经营共存的状态，不外乎技术条件、制度条件和市场条件三个重要因素。首先，技术条件是农业生产服务方式分化的先决条件；其次，制度条件是农业生产服务方式分化的诱导条件；最后，市场条件是农业生产服务方式的决定性条件。

一、技术条件：生产环节的可分性

农业是通过控制生物体生命活动来获取产品的生产部门，获取产品的方式包括利用自然环境和社会生产劳动两种方式相结合。农业生产活动受制于自然环境规律和生物生命规律两大条件的制约（朱启臻和陈倩玉，2008）。首先，农作物生长因与自然环境条件的特性密切相关，从而导致农业生产具有的季节性与周期性、风险性和区域性差异特点。其次，农作物作为一种有生命的有机体，从播种到收获需要经历持续的、不可逆的生产期。而农产品受其生命规律的影响，具有持续性和不可逆的特点。总体来讲，农业生产不仅具有经济特性，同时存在自然特性。

一般认为，农业生产的自然特性决定了农业劳动分工的有限性。一方面，受自然规律的制约，农业生产和劳动时间的不一致性，造成"季节性的劳动力剩余"和"季节性的劳动力不足"，即"农闲"和"农忙"。这种劳动用工的季节性交替，进一步导致农业生产环节分工的不完全性。另一方面，农业生产的持续性和不可逆性，使生产对象难以与其中某个生产环节相分离，且不受其他环节的影响而独立生产。虽然一个生产周期内的农活可分开进行，但生产质量和结果难以把控。上述原因决定了农业劳动分工具有不完全的特性（罗必良，2008）。

但是，现有研究认为，立足于农业生产特性与技术约束的农业劳动分工的不可分性假说忽略了技术进步的影响，农业技术的可分性可以缩减农业生产中核心技术的范围，增加生产环节的可操作的数量（江雪萍，2014；罗必良，2017；刘家成等，2019）。一是技术可通过对农作物生命节律的控制，缩短或消除农业生产的季节性和周期性，拓宽农业劳动分工的空间。二是栽培、植保、土壤改良等可分性技术可增强一个生产周期内农作物的生产过程和质量的可控性，提高产品质量和降低产出的不确定性，拓宽农业劳动分工的空间。

二、制度条件：农地产权的可分性

农业生产环节的可分性虽然为农业生产特性改变提供了基础条件，为农业生产环节外包产生提供了先决条件，但仍不足以构成其发生的完整的前提条件。从政策变迁逻辑来看，中国农村产权改革以及土地产权的可分性是农业生产环节外包产生另一个重要的前提条件。

中国农村改革始肇于1978年，至今已有40多年的时间。期间，从"两权分离"到"三权分置"，农地产权制度发生了重大变迁。同时，农业生产环节外包也经历了从产生到发展，再到蓬勃发展，且农地产权制度和农业生产环节外包之间存在着紧密相连的关系。在"三权分置"的背景下，农地产权实际上成为可分性的产权。其中，所细分出的经营权为农业生产环节外包的产生提供了重要的制度保障。一方面，从农户角度来看，农地经营权强化了农户的产权主体地位，赋予了农户自主决定农业生产的经营方式以及农地的利用方式，为农业生产环节外包提供了法律保障；另一方面，从服务主体的角度来看，农地经营权拓宽了产权交易的空间，有利于服务外包市场的发育，为农业生产服务主体进入农业提供了可能性空间（罗必良，2017）。

三、市场条件：要素相对价格变化

农业技术的可分性和农地产权的可分性实际上是促成农业生产环节外包发生的外部条件。但是，农户选择不同的农业生产服务方式根本动力在于对农业要素相对价格变化的反应。改革开放以来，农业生产要素价格在市场化冲击下发生深刻变化，同时也决定了农业生产服务方式的分化。一方面，劳动力和土地成本不断上涨。据统计，2016年土地价格是1978年的11.51倍，劳动力价格是1978的9.06倍（孔祥智等，2018）。另一方面，化肥、农药、机械等生产要素的价格保持了相对稳定。以上两个方面均表明，要素相对价格发生深刻变化，并进一步导致要素之间的替代关系也随之改变。进一步而言，在要素相对价格的诱导下，农业家庭经营在生产要素利用方式和经营方式均将发生变化。

一是劳动力与机械相对价格变化，促使农业生产环节外包的发生。劳动力成本的上升使农户更倾向于采用农机服务替代劳动力，而其中由于自购农机的成本远高于购买农机服务，从而促进了农业生产环节外包的发生。二是土地与化肥和农药相对价格变化，促进农业生产环节外包的发生。土地租赁价格的上涨使农户更倾向于采用农药和化肥等生物技术提高土地单产，从而增加经营效益，而非单纯依靠土地规模提高收益。因而，农药和化肥的普及应用与快速发展，促进了相应服务外包市场的发育，促进了农业生产环节外包的发生。农业生产服务方式的分化机理如图3-1所示。

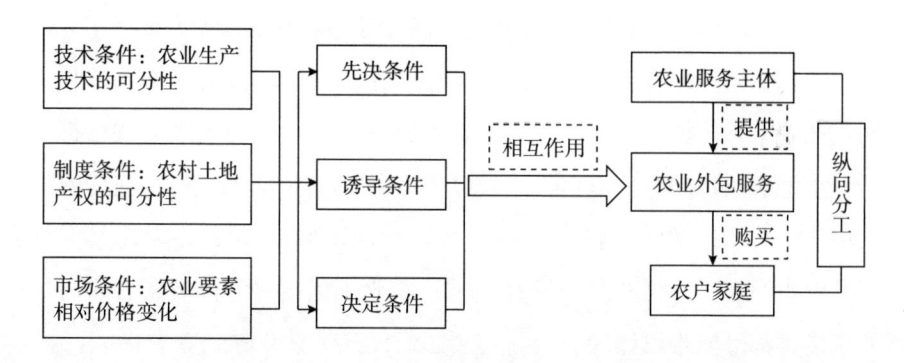

图3-1 农业生产服务方式的分化机理

第三节 农业生产服务方式选择的效率差异机制分析

一、机械自营与传统自营：技术进步与机械不可分性

根据诱致性技术变迁理论，农业技术进步是农业生产效率提升的关键所在，包括劳动节约型和土地节约型技术进步。前者对农业生产效率作用机理在于机械动力对于劳动力的替代，可以带来更高的劳均产量；而后者则体现在农药、化肥等工业投入品对土地的替代，从而带来更高的亩均产量。传统自营与机械自营的农业生产效率差异则主要体现在"劳动节约型"技术进步方面。传统自营是一种"自给自足"或者"半自给自足"的小农经济，在这个经济系统当中，农户家庭以人畜力为基本生产手段，而落后的生产方式也伴随着较低的农业生产效率。相对于传统自营，机械自营是一种以自购农机为特征的生产方式，并且拥有更高的劳均生产效率。不仅如此，不同土地经营规模的农户可以根据土地经营面积选择购置不同类型、不同型号的农机，包括小型农机、中型农机以及大型农机，借助更高的机械动力而带来更高的生产效率。总而言之，农机比人畜力拥有更高的劳均产量。

当然，如果考虑技术与规模的适配性，落后的生产方式也不必然伴随低下的生产效率。比如，有学者发现，包产到户改革将中国大多数农场拆分为若干个小型农场，而小型拖拉机以及牲畜的数量也在增多，并且拥有着如同大农场使用大型拖拉机一样高的效率（Chen，2020）。因此，无论是大型农机还是中小型农机，当经营规模过小时，农业机械相对于畜力或者人力的生产效率优势都可能难以体现。

农业机械属于一种具有"不可分性"的固定资产要素，即其所提供的服务不能够用连续微小的增量来表示。Johnson 和 Ruttan（1994）也指出，由于机械是一种必须以不连续的数量采用的集中投入要素，从而扩大生产以利用规模经济是克服固定成本相关上升的一种方法。相反地，农户一旦购入农机且无论是否使用，已经为其支付了相应的支付租金或折旧成本。因此，农机的不可分性要求农户必须达到一定的经营规模，才能达到最低单位成本的要求。同时，这表明农机是一种具有土地规模偏向的生产要素，并且是一种偏向更大规模的生产要素。举例而言，假设农户只有 1 亩农田，并且所需要的最适种子要素投入是 20 斤/亩，由于种子是一种可分性要素，因此农户可以直接在市场购置相应数量的种子，以实现种子要素投入的最优化。但是，农机则不仅不能像种子一样进行无限的细分，而且具有更高的沉没成本。因此，即使是购置小型农机,也只有使其使用效率与最小规模相匹配,才能带来单位成本的下降。

通过以上讨论,本部分提出以下假说:

假说3-1:相对于传统自营而言,采用机械自营的农户具有更高的生产效率。

假说3-2:相对于传统自营而言,采用机械自营的农户须具备一定的土地经营规模,才有更高的生产效率。

二、生产环节外包经营与机械自营:劳动分工与交易成本

根据劳动分工和专业化理论,劳动分工实际上具有两种不同的观点:一种观点是以亚当·斯密为代表的产品企业内分工。在这一观点下,劳动分工的效率的来源实际上主要来自工人的职业分离。另一种观点则是以杨格为代表的劳动分工将企业内分工和企业间分工联系起来,认为分工不仅应该体现在劳动者的技能熟练程度方面,还应该体现在生产过程的多样性和复杂程度方面。这样一来,劳动分工的效率来源实际上依赖于市场范围和购买力。更关键的是,杨小凯指出因为市场协调、空间距离损耗等交易费用的存在,"分工经济与交易效率具有两难冲突"。这也意味着,劳动分工未必一定带来效率的提升,当交易费用所带来的效率损失大于或等于劳动分工所带来的效率提升时,采用劳动分工与不采用劳动分工的生产效率将不存在区别。

生产环节外包经营主要是农户依靠购买农机服务的农业生产服务方式,而机械自营主要是农户依靠购买农机的农业生产服务方式,两者效率差异的本质区别在于是否参与社会化分工,以及参与社会化分工交易费用的大小。

一方面,从劳动分工视角来看,不同劳动者从事机会成本相对低的生产环节,整个社会的生产效率将得到提高。同样地,假使农业生产者集中时间和精力从事熟练程度高的种植环节,而把操作复杂或者不熟练的环节交给服务供给主体,那么农户家庭生产效率将在这一协作过程中得以提升(陈超,2012)。

另一方面,从交易费用视角来看,购买农机服务或者租赁农机代表了一项交易活动,根据交易费用理论,交易过程必然产生交易费用。一是搜寻成本、讨价还价成本和成本分摊。包括寻找农机服务的搜寻成本和议价成本,以及因土地经营规模狭小和分散所带来的额外的运输费、油料费等成本分摊。二是监督和协调成本。包括对农机作业人员的现场监督费用、纠纷处理、作业时间协调等费用。因此,在劳动分工和交易费用双重约束下,生产环节外包和机械自营的效率大小具有不确定性。三是不确定性成本。粮食作物不同于经济作物,对农业生产的播种和收获时间有着极为苛刻的要求,比如"抢收"和"抢种",如果不能在规定时间完成,就可能带来较为严重的产量损失。因此,如果农机服务不能在最佳时间进行时,会因守时带来不确定性成本。四是价格歧视成本和集体决策成本。农机服务价格取决于服务的面积,服务面积越大,服务成本越低,相应的服务价格越低。但是,农机服务购买的具体情况是不同的。不仅如此,相对于种植具有多样化和差异化特征明显的区域,农户购买农机服务的价格必然高于种植连片区域农户购买农机服务的价格,会受到"价格歧视"。换言之,面积相同,但是农机服务价格是不相同的。进一步而言,即便农作物在区域内是连片种植的,不同农户间决定共同购买农机服务,仍然会因经营理念、经营情况不同,而产生的集体决策成本。

通过以上讨论,本部分提出以下假说:

假说3-3:相对于机械自营,采用生产环节外包经营农户的生产效率具有不确定性。

三、生产环节外包经营与传统自营:劳动分工与技术进步

不同于机械自营与传统自营以及生产环节外包经营与机械自营的生产效率差异,生产环节外包经营与传统自营的生产效率差异可能来自劳动分工与技术进步两个方面:一方面,如果传统自营与机械自营的效率差异机理一致,与传统自营相比,农业生产环节外包经营主要体现为农业机械对劳动力的替代,同样是一种促使具有劳动密集特性的传统自营向资本密集特性转变来提

高生产效率的途径。同时,也存在着不同之处,主要体现为农业生产环节外包多采用大型农业机械,而自购农机则以中小型农机为主。另一方面,如果机械自营与生产环节外包经营的效率差异机理一致,与传统自营相比,农业生产环节外包经营可以进一步体现劳动分工效应,但也面临着交易费用约束。总体而言,相对于传统自营,生产环节外包经营具有技术进步效应、劳动分工效应以及交易成本效应。即使劳动分工效应与交易成本效应相互抵消,依然可以通过技术进步效应提升农业生产效率。同时,大型农机的不可分性同样具有更大的土地规模偏向。

通过以上讨论,本部分提出以下假说:

假说3-4:相对于传统自营而言,采用生产环节外包经营的农户有更高的生产效率。

假说3-5:相对于传统自营而言,采用生产环节外包经营的农户须具备一定土地经营规模,才有更高的生产效率。

四、农业生产服务政策的效率机制:补贴地租化

1. 农业生产性服务政策对土地转出的影响

当前农业生产性服务主要发生在兼业化程度较高的土地小规模经营农户之中,而兼业化的小农户购买农业生产性服务的原因则在于不完全的城市化进程(董欢和郭晓鸣,2014)。医疗、教育、社会保障等公共服务政策不完善,使农业劳动力"流得出,留不下",并且造成"青壮年外出,妇幼老人留守"的家庭分工局面。同时,也使兼业小农户不能彻底摆脱对土地的依赖。为了补充劳动力等要素的短缺,留守劳动力又只能依靠农业生产性服务从事农业生产,以缓解生产要素的约束。

在此背景下,农业生产性服务的介入可以稳定农业产出,维持农户家庭收支平衡,同时也降低了农地转出的可能性。尽管如此,随着社会经济的不断发展,农业生产性服务的使用可能只是阶段性的需求。一方面,随着城市化政策的不断完善和城乡公共服务的一体化,兼业农户脱离农业生产的速度将加快，而"候鸟式"的迁移局面也将得以改善，并逐渐摆脱对土地和农业生产性服务的依赖（陆铭等，2021）。另一方面，从要素所有权来看，农业生产性服务的发展将不断分割农业生产剩余利润，纯农户或专业户一般会选择自购农机的方式进行粮食种植，以提高经营效益。因此，农业生产性服务的作用将逐渐被弱化，而纯农户的种植规模将不断扩大。相对而言，如果没有农业生产性服务政策的支持，兼业的小农户可能随着家庭纯收入的提高，逐渐脱离农业生产，将土地流转给其他经营主体，纯农户的种植规模也将不断扩大。但是，如果对小农户进行补贴，则可能降低其土地转出的意愿。

2. 农业生产性服务政策对土地转入的影响

农业生产性服务政策不仅可能会降低兼业小农户土地流入的可能性，还会进一步提高纯农户和专业户土地流入的可能性。在家庭效用上，纯农户和兼业户拥有着不同的经营目标。对于兼业户而言，其经营目标在于家庭经营收入最大化，由于非农经营的比较收益远高于农业收益，并且受到农业劳动力要素的约束，其农业经营的目标更多是为了实现自给自足。而对于纯农户而言，由于农业是其唯一产业，经营目标则在于家庭农业经营收入最大化。因此，为了不断提高家庭收入，其唯一的方式是不断扩大经营规模以获取更多收益。而农业生产性服务政策实际上会对兼业小农户和纯农户或专业化分别产生收入效应和替代效应。一方面，由于兼业小农户只是将农业作为副业，在获得农业生产性服务补贴后，受农业劳动力要素的约束，并不会盲目扩大土地经营规模，而是会维持对既有土地持续经营，否则会需要更多的要素投入，从而引发降低家庭收入的风险。另一方面，由于纯农户和专业户目标在于农业收入最大化，即使他们拥有农业机械，也可能借助农业生产性服务补贴来扩大土地经营规模，以获得更多的经营利润。

3. 农业生产性服务政策对土地流转租金的影响

从土地转出和转入的分析中可以看出，农业生产性服务政策主要体现为会抑制兼业小农户的土地转出，以及促进纯农户和兼业农户的土地转入，从而造成土地流转市场的供给小于需求，推高农地流转租金，进而对粮食生产效率产生负面影响。经过上述分析，农业生产性服务政策对农业发展可能带来两个方面的不利影响：

一方面，强化对以小农户为主体的传统农业的支撑。农业生产性服务的发展实际上有一个重要前提，即劳动力转移的不完全性。改革开放以来城镇化和工业化的大力发展不断吸引农业劳动力流向城市，但是我国的城市化是不完全的，城市化的不完全体现为户籍制度和医疗、教育、社保等公共服务的差别化和不完全，由此导致农业劳动力的转移形成了"青壮年外出，妇幼老人留守"的结构性特征和不完全性。农业生产性服务实际上正是在劳动力转移不完全的地区得以较快发展，对家庭农业劳动力的不足进行了有效的补充。通过这种方式，农户家庭实际上可以通过"半耕半工"维持收支平衡。

相反地，在非农转移完全的情况下，农户家庭经营面积将得以持续增加，农业生产性服务的功能也将被弱化。因此，农业生产服务政策的干预可能强化对"留守农业"或以小农户为主体的传统农业的支撑。

另一方面，扭曲农地流转市场发育。大田作物的农业生产性服务发展本质上是以购买农机服务的方式替代了家庭自购农机服务进行的。在市场化背景下，农业生产性服务组织是农业生产性服务的主要提供者，通过跨区作业、异地作业等方式可以实现服务收入最大化，而购买农业生产性服务的大多为兼业的土地小规模农户。值得说明的是，在劳动力转移不完全的背景下，我国小规模农户大多是兼业农户，而兼业农户也是小规模农户，这是由于兼业是克服小规模土地经营收入不足的有效手段。相比较而言，大规模农户和专业户则较少购买农业生产性服务，而更多依靠自购农机的方式实现自我服务。并且，为了进一步增加家庭收入，他们必须扩大经营规模以获取更多的利润。

在上述情形下，农业生产性服务政策的介入，可能会降低小农户土地流出的动力，造成农地流转市场"供小于求"，进而推高农地地租而扭曲农地市场发育。

通过以上讨论，本部分提出以下假说：

假说3-6：农业生产服务政策可能通过补贴地租化，降低农业生产效率。

第四章 农业生产服务方式政策演化与粮农生产效率分布特征

第一节 引言

本章主要内容包括农业生产服务方式政策演化和粮农生产效率分布特征评价两部分内容。一方面,通过政策演化分析,了解我国当前农业生产服务政策的基本脉络。另一方面,评价农业生产服务方式对粮农生产效率的影响,首先需要对粮农生产效率进行测度和评价。

粮农生产效率与家庭资源禀赋、地区资源禀赋等密切相关,不同经营规模、不同区域的粮农生产效率可能存在显著差异。本章主要通过描述性统计方法回答以下三个问题:第一,传统自营与机械自营、机械自营与生产环节外包经营、传统自营与生产环节外包经营之间的效率是否存在差异?第二,在经济发展水平不同的区域之间,以及不同的粮食产区之间,粮农生产效率是否存在差异?第三,不同规模粮农生产效率之间是否存在差异?

本章的结构安排如下:一是分析农业生产服务方式的政策演化过程。二是粮农生产效率的测算及分布特征分析,从不同规模、不同区域、不同农业生产服务方式对实证结果进行分析。

第二节 农业生产服务方式政策演变

一、农业家庭经营的政策变迁

中国共产党成立百年以来，立足国情农情的变化，中国农业家庭经营历经"孕育—产生—发展—停滞—恢复—创新"六个阶段。其中，前四个阶段是中国共产党对马克思主义"生产社会化"理论①的实践，后两个阶段是中国共产党以"服务社会化"②方式对马克思社会化大生产理论的实践。"生产社会化"实践和"服务社会化"实践的关系体现在：第一，前者所导致的农民生产积极性受挫和农业生产效率相对低下，是促使中国农业家庭经营政策及时调整到后者，以及最终形成符合中国特色的农业家庭经营政策体系的根源。第二，前者与后者是有机衔接的关系，而并非彼此否定的割裂关系，这体现在前者是后者的理论源泉和思想精髓，而后者则是对前者的提炼和升华，并且两者均把解放、发展农业生产力和实现农业社会化大生产作为核心要义。

1. 孕育和产生阶段（1921~1950年）

从耕地"国有"到"农有"的农业家庭经营（1921~1948年）。1921~1949年，中国约有75%的农业人口，是一个典型的农业人口大国，农村约有

---

① 生产社会化是与生产个人化、分散化相对立的概念，是一种直接的社会化，表现为生产资料的集中化和企业规模的大型化（邱海平，2004）。这里主要借用此概念表达在农业家庭经营演变的前四个阶段，以横向合并的集体经营方式取代家庭经营的发展过程。

② 服务社会化是因社会分工发展而产生的生产者之间的相互依赖关系，是一种间接的社会化（邱海平，2004）。这里"服务"和"生产"是相对应的概念，"服务"指农业家庭按照等价原则将产前、产中、产后环节交给法律上独立的其他主体完成的交换关系总和（龚道广，2000），社会化则指农业家庭间的分工和协作。

六七千万农户，其中1/2是自耕农，1/4是半自耕农，1/4是佃农[①]。在封建地主土地所有制安排下，全国约5%的地主拥有近一半的农地，5%的富农拥有10%以上的农地，而这种制度安排不仅对广大无地农民形成残酷剥削，也成为中国共产党发起土地革命的直接依据（马晓河，1999；黄花，2011）。在这一时期的解放区，中国共产党的土地政策可以分为几个不同阶段[②]，历经"土地国有"到"耕地农有"政策变迁路径，并且农业家庭自主经营一直贯穿整个时期。

一是推行以"土地国有"为核心的农业家庭经营。在国民革命和土地革命时期，中国共产党早期主要采取了"土地国有"的土地改革路线[③]。此时无论是《井冈山土地法》还是《兴国土地法》均坚持"土地国有"的基本原则，而农户家庭则在此基础上开展独立的生产经营。但是，土地国有政策严重偏离了传统的土地私有观点，对广大农民参与土地革命的热情造成极大的挫伤，这使中共中央将土地政策由"土地国有"向"耕地农有"转变（王海文，2011）。二是推进以"耕地农有"为核心的农业家庭经营。1931年，中华苏维埃一大首次从制度层面提出满足农民土地的要求，并出台了《中华苏维埃共和国土地法》。只是，直到1933年《土地登记法》才以土地颁证的方式确定了农民的土地所有权。这之后，1937~1947年抗日战争和解放战争时期，为了鼓励全民族抗战，中共中央接连出台《中国土地法大纲》等政策[④]，在解放区将"耕地农有"政策以确权登记颁证等形式推行开来，为新中国成立前的土地改革奠定了坚实基础。三是确立以"耕地农有"为核心的农业家庭经营（1949~1950年）。中华人民共和国成立后，为了进一步调动

[①] [美]费正清.剑桥中华民国史1912-1949年（上卷）[M].北京：中国社会科学出版社，1993：36.

[②] 新民主主义革命时期、抗日战争时期以及两次革命战争时期。

[③] 1921年，中共一大最早提出"生产资料归社会公有"。1928~1929年，中共湘赣边界工农兵政府出台了《井冈山土地法》，红四军在兴国颁布《兴国土地法》，两个法案均强调将地主土地收归国有，不同的是前者收归一切土地，后者只收归公共土地以及地主的土地。

[④] 其他还包括《抗日救国十大纲领》以及《关于抗日根据地土地政策的决定》等政策。

农民的生产积极性，以土地改革为突破口，国家先后通过《中国人民政治协商会议共同纲领》《土地改革法》，将"耕者有其田"目标贯彻落地，最终在制度层面将土地产权赋予农民，同时也废除了封建地主土地所有制。至此，基本确立了以"耕地农有"为核心的农业家庭经营。到1953年，除了部分少数民族地区，我国内陆地区已经全部完成土地改革①。

值得注意的是，这一时期的农业家庭经营与中华人民共和国成立初期已经完全不同。在中华人民共和国成立之前，土地的所有权归属于地主阶级，在地主阶级的统筹安排和部署下，农民通过租赁或分成等方式开展分散经营（黄少安等，2005），而土地改革后则是以农民土地"私有产权"为核心。此时，近0.47亿公顷地主阶级的土地等生产资料被征收归公并重新分配，而原来没有土地的贫农阶级获得土地并且独立地开展分散经营（马晓河，1999）。然而，农民土地"私有产权"与当时的农业生产力水平以及国家整体发展战略目标格格不入，由于劳动力、农具、畜力等生产资料不足，许多农民在生产中遇到障碍，这进一步从实践和政策上将农业家庭经营推向了农业互助合作与家庭经营相辅相成的道路。

2. 发展阶段（1951~1953年）

开展以"互助合作"为辅的农业家庭经营（1951~1953年）。为了回应农民实际需求，及时解决生产资料不足问题，1951年，《中共中央关于农业生产互助合作的决议（草案）》对三种主要的农业合作形式予以充分肯定，并且临时和常年互助组成为该阶段主要的互助合作形式。如表4-1所示，截至1952年，互助组有802.6万个，包括627万个季节组和175.6万个常年组，参加的农民数量达4536.4万户。互助组的数量于1954年达到最高993.1万个，此后数量锐减，并于1957年全部转为农业生产合作社。同时，在全国范围内，初级农业合作社尚未形成规模，截至1953年底，仅有1.5万个（见表4-1）。互助组是为了解决农民的实际生产困难而发展起来的，也处于农业

---

① 新中国档案：新中国的土地改革运动 [EB/OL]. 中央政府门户网站，http://www.gov.cn.

合作化运动的第一个阶段。其根本目的在于互惠互利，其特点在于"生产资料农民所有，劳动互助"。虽然互助组具有集体劳动的性质，但此时不管是临时互助组，还是常年互助组仍然以农业家庭经营为主，本质上属于农户家庭间的分工协作。同时，互助合作对于此时的农业发展起到了一定的推动作用。据国家统计年鉴显示，中华人民共和国成立元年的粮食产量为1.13亿吨，仅仅3年之后粮食产量便达到1.67亿吨，增产达47.8%。

表4-1 1950~1957年农业互助组演变情况

年份	1950	1951	1952	1953	1954	1955	1956	1957
互助组（万个）	272.4	467.5	802.6	745	993.1	714.7	85	无
常年组	缺失	缺失	175.6	181.6	380.1	317.2	缺失	无
季节组	缺失	缺失	627	563.4	613	397.5	缺失	无
户数（万户）	1131.3	2100	4536.4	4563.7	6847.8	6038.9	104.2	无

资料来源：历年《中国农村统计年鉴》。

3. 停滞阶段（1954~1977年）

（1）集体经营统筹农业家庭经营。随着农业合作化运动愈演愈烈，1954~1957年，农业合作化运动迅速转向发展初级社和高级社阶段，中国农业家庭经营政策已经全面开启了以"生产社会化"理论为支撑的农户家庭横向发展之路。在此期间，互助组大量转为初级社和高级社，农业家庭经营的主体地位也不断弱化。一是初级社的发展。从表4-2可知，1954~1957年，初级社的数量呈现先上升后下降的"倒U型"趋势，并于1955年达到最高的63.3万个。在初级社中，农业生产资料仍属于农民私有产权，但是生产决策权已经被合作社取代，即"生产资料农民所有，初级社集体经营"。二是高级社的发展。从表4-2可知，1954~1957年，高级社的数量呈现逐年递增的趋势，并于1957年达到最高75.3万个，此时全国近88%的农户已经加入高级社（王国刚，2017）。在高级社中，农业生产资料所有权完全归集体所有，并且生产决策权也完全被合作社取代，即"生产资料集体所有，高级社集体经营"。此时尽管农业集体经营已经占据主导地位，但是部分农业家庭经营形式仍然被保留了下来。而且，由于农户仍然拥有退社权利，农业家庭经营与合作经营之间一直存在着动态变化与调整。有资料显示，1956年在全国范围内，农户社员由于各种原因选择退出高级社的数量达到社员总数的1%，在个别的省份退社比例高达5%；据另一份报告显示，1957年5月，浙江某县共有302个高级社，其中有116个垮台，类似的报告也出现在其他省份（林毅夫，2008）。此外，在初级社和高级社期间，农业生产也取得了相对稳定的增长。国家统计年鉴显示，1958年粮食产量达到1.98亿吨，相对于1949年增产约75%。

表4-2 1950~1958年农业生产合作社演变情况

年份	1950	1951	1952	1953	1954	1955	1956	1957	1958
合作社数	19个	130个	0.4万个	1.5万个	11.4万个	63.4万个	75.6万个	78.9万个	74.1万个
高级社	1个	1个	10个	15个	0.02万个	0.05万个	54万个	75.3万个	缺失
初级社	18个	129个	0.4万个	1.5万个	11.4万个	63.3万个	21.6万个	3.6万个	缺失
参加户数	219户	0.1618万户	5.9万户	27.5万户	229.7万户	1692.1万户	11782.9万户	12105.2万户	12235.4万户
高级社	32户	30户	0.2万户	0.2万户	1.2万户	4.0万户	10742.2万户	11945.0万户	缺失
初级社	187户	0.1588万户	5.7万户	27.3万户	228.5万户	1688.1万户	1040.7万户	160.2万户	缺失

资料来源：历年《中国农村统计年鉴》。

（2）集体经营完全取代农业家庭经营。受到"一五"期间农业发展成绩的鼓励，以及出于"大跃进"等国家制度设计需求（周振等，2019），1958年8月，在制度层面，国家推动高级社向人民公社全面转变，同时统筹集体经营彻底取代农业家庭经营[①]。在人民公社运动初期，农业生产资料和生产决策权均归公社集体所有，但是在1959~1961年，三年严重的农业危机促使中共中央开始调整人民公社所有制，最终将生产资料的所有权划分为人民公社、生产大队（原高级社）和生产队三级所有的形式，而且生产队作为生

---

① 可参考《关于在农村建立人民公社问题的决议》的相关内容。

资料所有权的主导形式，生产决策权和收入分配权也归生产大队所有（周振和孔祥智，2019）。此后，直至人民公社解体，农业家庭经营发展停滞了近20年的时间。客观地讲，在农业集体经营时期，农业发展也取得一定成绩。但是，相对于农业家庭经营，无论是农民生产积极性，还是农业生产效率，集体经营的水平均相对较低。据 Lin（1992）统计，1952~1978年中国农业年均增长约为2.9%，但在实施家庭联产承包责任制后，1978~1984年农业年均增长率高达7.7%，同时也指出集体经营虽然能发挥规模经济功能，但存在着严重的"搭便车"难题。整体而言，农业集体经营是中国共产党在马克思"生产社会化"理论指导下的一次全面实践，但是农业相对低效的发展，也驱动着中国农业家庭经营政策及时从农业"生产社会化"理念向"服务社会化"实践转变。1978年以来，中共中央从制度层面重新确立农业家庭经营的主体地位，并针对其功能不足形成了较为完善的政策体系，而此后直到现在，中国农业发展已经取得了举世瞩目的成绩。

4. 恢复阶段（1978~2012年）

构建双层经营体制下的农业家庭经营（1978~2012年）。从1978年开始，为了充分调动农民生产积极性，中共中央通过顶层制度逐步改革，最终确立了农村集体经济双层经营体制，并从法律上恢复了农业家庭经营的合法主体地位。直到2013年之前，双层经营下的农业经营制度，实际上已经形成以"两权分离"为核心的农业家庭经营。

（1）恢复农业家庭经营的主体地位。1978年，从小岗村"包干到户"实践开始，农业经营制度改革在广大农村地区全面开启，农业家庭经营的主体地位得到逐步恢复。1982~1986年5个中央一号文件出台，从内涵、意义、形式、功能等多个方面，对家庭联产承包责任制予以明确定位，并且鼓励和推广家庭联产承包责任制在农村地区的应用。1982年中央一号文件指出，农业生产责任制允许包括包产到户、到组，包工到户、到组，包干到户、到组等多种形式，并且在实践中鼓励形成包产到户、包工到户、包干到户等多种以家庭为核心的农业经营形式，尽管如此，此时中共中央仍然未在法律层面明确农业家庭经营的合法主体地位。

(2) 确立以"两权分离"为核心的农业家庭经营。1991~1993年,沿着"确立—完善—稳定"的基本思路,家庭联产承包责任制得以逐步完善和健全,对农业家庭经营的合法主体地位在制度层面得以保障发挥了重要作用[①]。值得说明的是,首先,在人民公社制度的基础上,家庭联产承包责任制保留了"三级所有"的生产资料所有制安排。其次,在生产资料所有制不变的基础上,家庭联产承包责任制实行了土地产权的"两权分离"。最后,家庭联产承包责任制事实上没有改变生产资料的所有制,而是形成了以"两权分离"为核心的家庭经营。

5. 创新阶段（2013年至今）

为了推进农业生产方式转换,提升农业的内生发展能力和农民增收。2013年以来,在户籍制度、土地产权制度等相关政策的支持下,我国农业经营制度正逐步向现代农业经营体系演变,其基本特征体现在从"双层经营"逐步过渡到"多层经营"（张红宇,2018）。从政策层面来看,2015年和2019年,中共中央出台多项文件对农业家庭经营的基础性地位予以肯定[②]。同时提出,健全和创新农业经营组织与小农户之间的利益联结机制,鼓励农业家庭经营从全方位、多领域与其他经营形式实现紧密合作。这一时期的农业家庭经营具有如下特征:

(1) 明确以"物权性"产权为核心的农业家庭经营。一是把经营权从承包经营权中分离,并赋予其相对独立权利的法律地位。2014年和2016年,中共中央出台多项文件[③],围绕"三权分置"的部署,不仅把更加实际的土地权益赋予农民,而且对于发挥"三权"各自功能和整体效用起到了重要作用。二是赋予农民对农地的占有权能。围绕如何稳定土地承包关系,党的十

---

① 一方面,《关于进一步加强农业和农村工作的决定》正式确立了农村双层经营制度。另一方面,《农业法》对双层经营体制稳定性予以明确,并且正式从法律层面肯定农业家庭经营的合法主体地位。

② 包括《深化农村改革综合性实施方案》等。

③ 包括《关于完善农村土地所有权承包权经营权分置办法的意见》等。

· 79 ·

九大报告明确提出,在第二轮土地承包到期后,农民的土地承包经营权可以再延长30年。这一制度安排不仅肯定了农户对农地的占有权能,而且对于促进具有"债权性"特征的家庭承包经营,向具有"物权性"特征的家庭承包经营转变发挥了重要推动作用(叶兴庆,2018)。

(2) 完善以"农业服务"为核心的农业家庭经营体系。一是构建新型农业社会化服务体系①。二是构建面向小农户的社会化服务②。在政策层面,国家既明确了农业家庭经营在现代农业生产体系中的重要性,也明确了以"农业服务"为核心的家庭经营的发展道路。三是保持农业家庭经营的长期性和稳定性。政策层面越发认识到家庭经营的优势,从多项政策上肯定了家庭经营的重要地位,这也是家庭经营能够保持长期性和稳定性发展的基础。四是农业家庭借助农业社会化服务卷入农业分工。不同于"生产社会化"实践所主张的通过生产集中或者横向合并的方式取代农业家庭的主体地位,"服务社会化"实践强调在生产分散的前提下,通过农业产前、产中、产后的社会化服务实现规模经济。

通过以上分析可以看出,从"生产社会化"到"服务社会化"实践是中国农业家庭经营政策演变的基本逻辑。这一政策转变不仅以一种新的方式实践了马克思社会化大生产理论,而且与保持农业家庭经营获取农业内部规模经济的功能优势,以及弥补农业家庭经营获取农业外部规模经济功能不足的理论逻辑,具有内在一致性。此外也可以看出,在农业家庭经营演变的不同阶段,中国共产党的政策充分体现出"以不变应万变"的实事求是思想。"不变"的是,坚持立足中国实际,把解放发展农业生产力作为根本动力,把马克思主义理论作为指导思想,把广大人民群众的利益作为各项工作的初心。"变"的是,通过对农业家庭经营政策的不断调适,形成了符合中国特色的农业家庭经营政策体系。

---

① 同时,2013年中央一号文件明确了新型农业社会化服务体系的发展方向。
② 相关政策详见2019年《关于促进小农户和现代农业发展有机衔接的意见》。

第四章 农业生产服务方式政策演化与粮农生产效率分布特征

二、农业生产环节外包的政策变迁

从政策类型来看，农业生产环节外包的支持政策可以分为两种类型。一是"要求性"政策，主要提出相应的发展要求但未涉及具体政策内容。二是"落实性"政策，主要是对前者的落实与细化。依照这一分类方式，本书主要根据1984~2019年中央一号文件的内容梳理有关政策，并对相应政策条文重点内容进行解构。此外，在表4-3政策重点解构的基础上，根据"落实性"政策，进一步分析农业生产环节外包相关支持政策的演变过程。

表4-3 1984~2019年中央一号文件相关支持政策

年份	政策重点解构
1984	明晰农业社会化服务对农业商品市场化的重要性；强调农业社会化服务体系建设
1986	强调因地制宜推进农业社会化服务
2005	重视农业社会化管理体系建设
2006	鼓励发展新型农业社会化服务组织；开展农业社会化服务
2008	明确代耕代种、用水管理、仓储运输等农业社会化服务内容
2010	明晰农业社会化服务组织演变方向：提供高效、优质专业服务
2012	落实政策，扶植新型农业社会化服务组织发展
2013	明确农业社会化服务建设方向，多元化与市场化；区分"公益性"与"经营性"两种基本类型
2014	明确政策扶持方式；突出合作式、托管式、订单式等创新方式
2015	提出农业生产全程社会化服务。明确农业社会化服务政策重点扶持领域：代耕代收、统防统治、烘干储藏等服务
2016	明确新型农业社会化服务组织：家庭农场、专业大户、农民合作社、农业产业化龙头企业；提出加快发展农业生产性服务业
2017	明晰农业社会化服务对于发展适度规模经营的重要性；开展生产全程试点工作
2018	明晰在小农户与现代农业衔接中的重要性；推进生产全程试点工作
2019	明晰农业社会化服务对农村基本经营制度的重要性；强调社会化服务组织在全程社会化服务中的作用

1. 产生和发展阶段（1978~1999年）

产生和发展阶段有以下典型特征：一是农业社会化服务对商品市场化的重要性被认识。二是农业社会化服务体系建设提上议事日程但尚未完成。1978年改革开放，不仅促进了农村市场化发展，而且使原有的"政社合一"的生产经营方式和组织方式发生重大变革，由"集体经营"和"公社组织"方式变更为"分散经营"和"家庭内部组织"方式。三是农产品流通体制由计划向市场转变。从1979年开始，在农业流通体制改革背景下，国家逐步取消统购统销政策，明确了农业市场化发展的基本道路（黄茂兴和叶琪，2019）。

上述制度变革有效推动了农村市场化的发展，同时也催生了对农业社会化服务体系建设的需求。1983年中央一号文件指出，随着专业户的涌现，农业生产对经济联合的需求日益旺盛，多样化的农业生产服务已逐渐成为支撑广阔农村地区众多的农户家庭更便利地开展生产经营的必备要素。同年，中央一号文件指出商品生产服务体系建设已经迫在眉睫。1991~1999年，沿着"建立—健全—完善"的政策变迁路径，从建立健全资金、管理、税收等方面的帮扶政策，以及体系建设、人员建设等方面，国家出台了多项具体可行的建设方案①。上述做法对于农业社会化服务体系健康有序推进，以及稳步发展具有十分重要的意义。

2. 完善阶段（2000~2005年）

完善阶段的典型特征表现在以下几个方面：一是农业社会化服务体系建设基本完成，但仍然存在诸多问题。二是从服务体系建设延伸到管理体系建设，政策逐步形成系统性的建设方针。三是综合配套体系建设日臻完善，推动服务体系建设迈上更高的台阶。四是改革供销社体制，为服务主体开展各项业务创造了条件。五是改革农业推广体制，农业科技服务和信息服务建设成为重点建设内容。此期间，服务体系建设步伐日趋加快。为了进一步提高

---

① 参见《关于加强农业社会化服务体系建设的通知》，以及《关于稳定基层农业技术推广体系意见的通知》等。

农业社会化服务建设的质量，国家出台了多项政策①，显著增强了农业社会化服务对于农民增收和农业增产的功能。此外，国家政策基本形成了农业社会化服务体系的政策支持和保障体系，并且健全了农业社会化服务管理体系，对农民增收、现代农业发展提供了有力保障。

3. 创新阶段（2006年至今）

创新阶段所处的时代背景、制度背景等均发生重大变迁。一方面，在国家经济制度层面，从计划转向市场体制；另一方面，农村基本制度、各类组织在市场化背景下呈现出多样化特征。为适应上述变迁，国家适时调整了农业社会化服务发展有关政策。

（1）支持新型农业服务组织开展农业社会化服务。2006年是对农业农村发展具有里程碑式意义的一年。一方面，在全国范围内，农业税费被完全取消；另一方面，国家对于农业社会化服务组织的扶持政策也发生变迁。除农村集体组织之外，新型的农业服务组织也被予以充分的发展部署。但是，此时尚未明确应扶持哪些类型的农业社会化服务组织。2008年中央一号文提出，在积极发展农业服务组织的基础上，应适当开展代耕代种等创新服务内容。2010年中央一号文件从高效、质优、价廉等方面对于推动服务体系建设提出新要求，倡导各类服务组织为农户提供多样化的专业服务。2012年，新型服务组织发展成为这一时期的重点内容。该年中央一号文件指出，政府可以通过订购、招投标等方式，对新型服务组织发展予以扶持。2006~2012年，农业社会化服务政策与之前的政策已经呈现明显差异。一方面，鼓励新型服务组织发展，并逐步明确新型农业服务组织的类型；另一方面，不断明确农业社会化服务发展方向，并且逐渐完善扶持政策。

（2）2013~2016年，明确新型农业社会化服务演进方向、类型、模式等。其一，转变农业社会化服务演进方向。例如，2013年中央一号文件从构建市场化机制和培育多元服务主体两个方面对农业社会化服务提出发展建议。

---

① 参见"十五"规划以及《中共中央关于完善社会主义市场经济体制若干问题的决定》等。

其二，丰富农业社会化服务基本类型。例如，区分为"经营类"和"公益类"两大服务类型，并强调公益性服务体系建设，以及经营性服务组织培育。其三，创新农业社会化服务基本模式。围绕服务体系建设目标，2014年中央一号文件提出，推行订单式、托管式等新模式。其四，突出农业社会化服务的重点领域。围绕代耕代收等重点领域，2015年中央一号文件指出，要抓好全程服务机制。其五，细化新型农业社会化服务组织类型。围绕土地托管等重点领域，2016年中央一号文件指出，支持新型服务主体的发展，鼓励培育农民合作社等成为新型服务主体。

（3）2017年至今，凸显农业社会化服务对于现代农业的重要意义。一是农业社会化服务成为规模经营的重要方式之一。围绕培育新型服务主体，2017年中央一号文件指出，支持"土地流转型""服务带动型"等模式的发展。二是发挥农业社会化服务对于小规模农户与现代农业衔接的重要性。针对农业家庭经营的长期性和必要性及其欠缺性，从面向小农户的托管服务、互联网服务等多个方面[①]，国家明确了社会化服务体系建设目标。

（4）2014年至今，其他相关的支持政策。一是提出加快发展"农业生产性服务业"。针对农业生产性服务业现实状况，2015年有关政策提出，农业托管、统防统治、代耕代收等服务发展方向应朝向专业化和市场化[②]。2016年中央一号文件虽然强调了对农业生产性服务建设周期紧迫性，但是依然未明确农业生产性服务业的具体实施方案。2017年我国出台了首部关于"农业生产性服务"的专门文件，对农业生产性服务业的内涵、发展意义、发展原则、发展内容、发展方式、政策扶持等作出了明确规定。但是，没有将农业生产性服务与农业社会化服务的概念进行有效区分，而是将两者相等同[③]。整体的变迁如图4-1所示。二是推进农业生产全程社会化服务。农业生产全程社会化服务沿着"试点—总结—推广"的政策路径逐步开展。

[①] 详见《关于促进小农户和现代农业发展有机衔接的意见》等文件。
[②] 详见《关于推进农村一二三产业融合发展的指导意见》。
[③] 文件指出，农业生产性服务是指"贯穿农业生产作业链条，直接完成或协助完成农业产前、产中、产后各环节作业的社会化服务"。

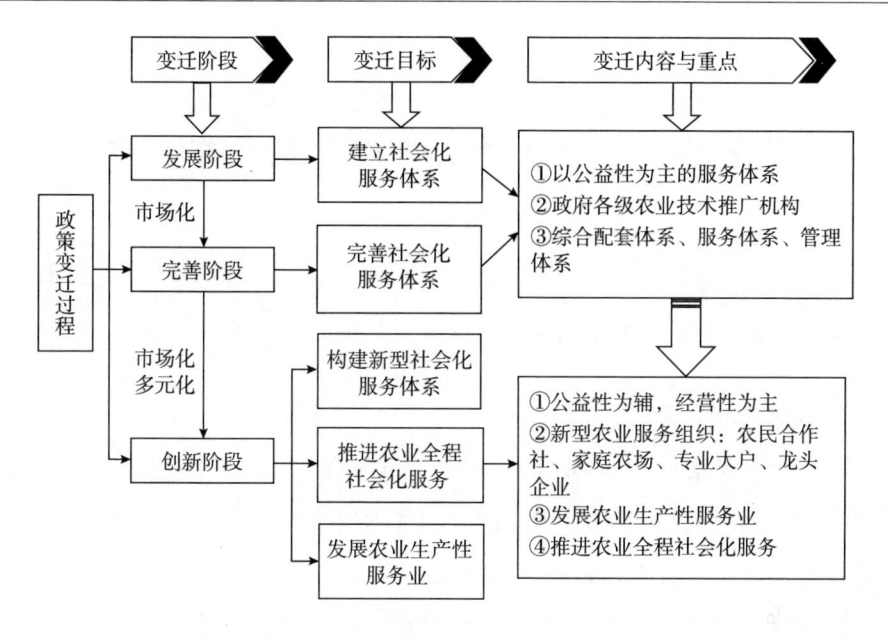

第四章 农业生产服务方式政策演化与粮农生产效率分布特征

图 4-1 农业社会化服务政策变迁过程

实际上，在发展重点上，农业社会化服务与农业生产性服务两者存在着明显的不同。在上述文件中，关于服务组织，现有政策主要强调公益性组织的带动作用，而经营性组织的功能建设却是重中之重。与社会化服务不同的是，生产性服务更加强调如何满足农户的生产经营需要，以及如何符合市场化准则。2014~2017年，沿着"扩大试点范围—创新试点机制—经验总结推广"的基本路径，中央一号文件逐步对试点工作作出更加明确的要求。此外，2016年，对于17个省份的整省试点工作，农业部、财政部则对于政策支持方式、支持环节等内容作出了明确的要求。在此之后，2018年中央一号文件，既对农业生产全程社会化服务试点工作经验给予充分认可，也对其进一步发展给予明确指示。

第三节 粮农生产效率测算及分布特征

一、粮农生产效率测算分析

1. 数据与样本筛选

本部分主要使用中国农村家庭的追踪调查数据（CRHPS）2015年和2017年两轮面板数据。根据研究需要，本章对数据进行了如下处理：一是筛选粮食种植农户。首先，根据问卷问题"去年，您家是否从事农业生产经营"以及"您家从事了哪些农业生产经营"，保留去年从事农业生产经营并且只从事粮食作物种植的农户。其次，根据问卷问题"去年，您家种植的粮食作物有哪些"，保留种植水稻、小麦、玉米其中一种或两种或者三种都种植的样本。筛选粮食种植农户样本的原因是当前农业生产服务方式中的生产环节外包经营方式主要发生在水稻、小麦、玉米等大田作物的生产过程中。二是分别将2015年和2017年农户家庭层面的数据与社区层面的数据合并，再将两轮数据合并为面板数据。经过上述处理，共获得粮食种植农户样本7198户。

2. 生产率模型构建

生产率简单地讲就是产出与投入的比值，包括单一指标和综合指标。相对于单一指标，综合指标有着更好的代表性。在已有研究中，全要素生产率和技术效率是两个最为广泛使用的综合生产率指标。技术效率本质上是在等量要素投入下更高的产出能力，或者等量产出下更少的要素投入。此外，技术效率与技术效率变化是两个不同的概念，前者衡量的是决策单元最大产出或最小成本的能力，后者反映的是相对前沿的技术效率差距对全要素生产率的影响或者技术效率随时间推移的变化。本书采用技术效率作为本书研究生产率的测度指标。原因在于，农业生产服务方式体现为管理手段的差异（Picazo-Tadeo and Reig-Martínez，2006），采用家庭内部经营或生产环节外包实际上是农业家庭从依赖自有生产要素到利用非自有生产要素从事农业的生产服务方式或管理方式变化。因此，采用技术效率作为测度指标更能反映两种方式之间的效率差异。

在讨论的基础上，本书的随机前沿模型设定如式（4-1）所示：

$$lny_{it} = lnf(x_{it}, \beta) + v_{it} - u_{it} \tag{4-1}$$

在式（4-1）中，y_{it} 和 x_{it} 分别表示第 i 个粮农家庭在时期 t 的粮食产出和投入变量，β 为待估参数。u_{it} 表示第 i 个粮农家庭在时期 t 的技术无效率项，v_{it} 为第 i 个粮农家庭在时期 t 的随机误差项，u_{it} 与 v_{it} 则是彼此独立且服从半正态分布。因此，第 i 个粮农家庭在时期 t 的生产技术效率可表示为式（4-2）：

$$te_{it} = E[\exp(-u_{it})/\varepsilon_{it}] \tag{4-2}$$

技术效率值处于 0~1，数值越大表示技术效率越高，或者技术效率损失越小。

技术效率的测算包括数据包络法（DEA）和随机前沿生产函数（SFA）两种主要方法。随机前沿生产函数形式主要包括 C-D 生产函数和 Trans-Log 生产函数。前者函数设定简洁而且计算过程简单，但是由于假定规模报酬不变等前提条件，使模型本身与现实经济的生产过程存在较大的出入。相比较而言，后者设定形式更为灵活，无须假定各要素具有完全替代弹性，并且在函数中加入投入指标的交互项，以充分考虑可能存在的非线性关系。但在生产要素种类较多时，会使回归结果十分复杂（黄祖辉等，2014），容易产生多重共线性问题。基于农业的生产特性和数据的特征，本书主要采用后一种方法，并且采用 C-D 生产函数进行稳健性分析。Trans-Log 生产函数设定如式（4-3）所示：

$$lny_{it} = \alpha_0 + \sum_j \alpha_j lnx_{jit} + \sum_j \sum_l \beta_{jl} lnx_{jit} lnx_{lit} + (v_{it} - u_{it}) \tag{4-3}$$

3. 指标选取与描述性统计

技术效率测算需要对投入产出指标进行合理设定。如表4-4所示，在众多文献中，技术效率包括生产技术效率和经营技术效率两个维度。其中，生产技术效率以粮食总产量和投入作为测度指标，经营技术效率以粮食总产值和投入作为测度指标。但是，本书发现在众多文献中并没有严格区分经营技术效率和生产技术效率，而是简单地将两者视为生产率测度指标并且存在混用情况。实际上，生产技术效率和经营技术效率可能在结果上存在不同的甚至相反的结果。比如，如果农户生产的粮食全部或部分自家食用，而不通过市场进行售卖，则可能出现产量为正但产值为负的情况。对于本书的研究而言，农业生产环节外包经营相对于家庭内部经营的技术效率差异主要体现在产中环节，并且是由于是否采用农业机械以及农业机械为自家持有所决定，但不会影响粮食的市场价格。因此，采用生产技术效率更为适宜。

表4-4 现有文献关于粮食生产效率投入和产出指标的设定

作者	产出变量	投入变量	数据来源
高鸣 （2014，2015）	粮食总产量	播种面积 直接生产费用[①] 间接生产费用（包括管理及其他间接费用等） 生产用工量	省级面板数据
高鸣 （2018）	小麦生产量	播种面积[②]；物质投入（包括直接费用和间接费用）；劳动力投入	农户面板数据
李谷成 （2007）	家庭经营收入	物质资本（包括直接费用和间接费用，计算方法为永续盘存[$K_{it}=K_{it-1} \cdot (1-\zeta_i)+I_{it}$]）；劳动资本，用家庭经营投工量（自家劳动力和雇工量）×当年农村工价；承包地价值以单位土地地租表示	农户面板数据
李谷成 （2008）	家庭经营收入	物质资本；劳动资本；总播种面积	农户面板数据
李谷成 （2009）	家庭经营收入	物质费用；劳动投工量（标准日）（包括家庭成员和雇工人员）；总播种面积	农户面板数据
林文声等 （2018）	家庭经营收入	物质投入，粮食作物和经济作物的总投入；劳动时间，农户用于自家农业生产的时间；农地面积	农户面板数据

注：①包括农药、化肥、机械作业费等生产性投入费用。②包括自家耕地和租赁的土地等。

根据以上讨论，依据粮食生产投入产出指标设定不同，技术效率可以划分为生产技术效率和经营技术效率，而且生产技术效率指标更加符合本书研究需要。第一，产出变量。粮食产出选取粮食作物总产量（单位：斤）作为产出指标；问卷详细调查了小麦、玉米、水稻等粮食作物过去一年的总产量，该指标为三种主粮产量之和。第二，投入变量。粮食投入分别选取粮食作物播种面积（单位：亩）、物质费用以及劳动时间作为投入指标。其中，粮食作物播种面积为上年秋冬播种面积与本年春播面积、秋播面积、冬播面积之和；物质费用包括种子种苗、农药、除草剂、化肥、农膜、小型农具、雇工费用、机械租赁费和人工费、固定资产折旧费及灌溉等其他成本。其中，固定资产折旧费主要指生产中涉及的自有机械的折旧，根据国家有关规定，按照10年使用期、5%余值计算折旧。劳动时间为农忙季节家庭务农人数与务农时间的乘积，以及非农忙季节家庭务农人数与务农时间的乘积之和。表4-5呈现了粮农生产投入产出数据的描述性统计结果，以上变量均已经进行对数处理。需要说明的是，为了避免重复计算，家庭雇工的劳动时间并没有计算在内，而是将雇工费用算在物质费用之中。

表4-5 粮农生产投入产出数据

变量	单位	样本量	均值	标准差	最小值	最大值
粮食总产出	公斤/户（对数）	7198	7.774	1.326	0.182	14.358
播种面积	亩/户（对数）	7198	2.022	0.946	0.049	11.002
劳动时间	月/年（对数）	7054	1.651	0.973	0.033	4.977
资本投入	元/户（对数）	7198	7.911	1.264	1.151	14.197

注：资本投入计算方法以及相关单位换算见后文。

4. 随机前沿估计结果

本部分利用STATA13对粮农技术效率进行了估计，统计结果如表4-6所示。

表4-6 随机前沿估计结果

投入变量	系数	标准误
播种面积	1.333***	0.051
劳动时间	0.301***	0.054
资本投入	−0.135***	0.050
播种面积×劳动时间	0.062***	0.011
播种面积×资本投入	0.008	0.008
劳动时间×资本投入	−0.040***	0.008
播种面积的平方	−0.097***	0.008
劳动时间的平方	−0.027***	0.007
资本投入的平方	0.022***	0.004
常数项	5.580***	0.190
对数似然值	−6706.527	
卡方统计检验	30769.24（p=0.00）	

注：*、**、***分别表示在10%、5%、1%的水平上显著。

需要说明的是，技术效率的估计方法包括断尾正态模型、半正态模型和指数模型三种类型。其中，断尾正态模型适用于少数农户属于无效率状态时，并且多数农户属于中间状态的情况；半正态模型和指数模型适用于无效率的农户多于其他状态的情况，并且两种方法结果较为接近。经过检验，由于半正态模型存在收敛问题，本书最终采用了指数模型。另外，存在技术无效率项是采用随机前沿模型的一个重要前提。经过进一步检验，技术无效率项的似然值，通过了1%的显著性检验，即存在无效率项。最后从表4-6中可以看出，除播种面积与资本投入的交乘项不显著外，其他系数均通过了1%显著性检验，证明采用超越对数生产函数是合理的。

首先，从表4-6可以看出，播种面积和劳动时间的一次项均为正，并且通过了1%的显著性检验，表明扩大经营面积和劳动力投入粮食产量均具有正向促进作用，二次项均为负，且通过了1%的显著性检验，表明土地经营面积和劳动两种要素符合要素边际报酬递减规律，在投入达到一定程度后，继续增加投入会抑制产量提升。资本投入的一次项系数为负，且通过了1%

的显著性检验，表明在样本研究时间内，资本投入对粮食产量具有负向促进作用。这可能与当前农药、化肥等价格上涨有关。资本投入的二次项系数为正，并且通过了1%的显著性检验，表明资本投入与粮食产量之间存在"U型"关系，意味着持续提升农业资本占比，将有助于粮食产量的提升。其次，播种面积与劳动时间的交互项系数在1%的水平上显著为正，表明在粮食增产方面，劳动力投入与经营面积之间存在补充效应。劳动时间与资本投入的交互项在1%的水平上显著为负，表明在粮食增产上，资本投入与劳动力投入之间存在替代效应，这一结果也表明我国的粮食生产同样遵循"劳动节约型"技术进步。最后，播种面积与资本投入的交互项系数在统计意义上不显著，意味着"土地节约型"技术进步并没有发挥相应作用。以上估计结果对我国农业发展启示具有较强的现实意义。一方面，中国农业生产力虽然在包产到户后得到极大提升，但是过量使（施）用农药化肥的"增产导向型"发展方式对土壤质量、肥力等诸多方面带来负面影响；另一方面，机械投入的不断增长，正对粮食增产发挥着日益重要的作用。因此，新阶段提升粮食综合生产能力，必须从"增产导向型"的发展方式转向"质效导向型"的发展方式（魏后凯，2017），加大农业机械的投入，促进粮食生产提质增效。

5. 粮农技术效率诊断性描述统计

图4-2呈现了粮农技术效率的诊断描述。从左到右分别为序列图、残差与拟合值相关图、箱型图、一阶差分散点图、直方图、正态分位数图。序列图显示了拟合线和95%的预测区间，阴影线以外的观察结果作为异常值。从图中可以看出，大多数样本均在合理区间范围。残差与拟合值相关图、箱型图，主要用于检测离群值，从中可以看出只有少量样本属于离群值。直方图可以看出样本数据存在"左拖尾"，表明粮农技术效率低水平区间要高于高水平区间。正态分位数图表明粮农技术效率水平较高的部分与直线部分有所偏离，多数样本在正常范围内波动。以上结果表明，粮农技术效率样本具有较好的代表性。

(a) 序列图　　(b) 残差与拟合值相关图　　(c) 箱型图

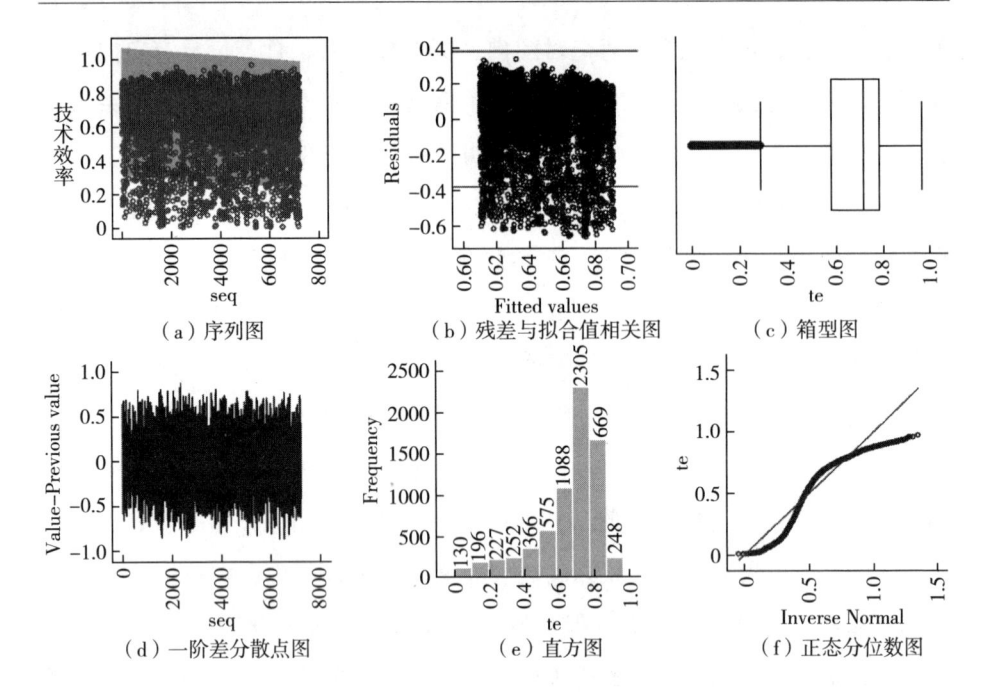

(d) 一阶差分散点图　　(e) 直方图　　(f) 正态分位数图

图 4-2　粮农技术效率诊断性描述

二、粮农技术效率分布特征

1. 全国分布情况

根据估计结果，得到全国各省份粮农技术效率的平均值及排名，具体如表 4-7、图 4-3 所示。从中可以看出，一是全国粮农技术效率的平均水平为 0.635，效率损失为 0.365，这与当前粮食生产方式相对落后，农业技术水平不高的现实情况具有较高程度的吻合。同时，也表明粮农技术效率尚存在较大提升空间。二是从粮农技术效率排名来看，排在前五位的分别为吉林省、山东省、四川省、河北省、江西省。粮农技术效率较高的多为经济发达的省份，而技术效率相对滞后的均为经济欠发达的西部省份。根据上述结果可知，当前我国粮食生产技术效率区域差异形式仍然存在，并且呈现出东部经济发达地区的技术效率水平高，而西部欠发达地区的技术效率水平偏低的状态。

· 92 ·

表4-7　全国各省份粮农技术效率

省份	技术效率
吉林省	0.748
山东省	0.696
四川省	0.693
河北省	0.684
江西省	0.682
黑龙江省	0.681
湖南省	0.675
福建省	0.674
浙江省	0.673
湖北省	0.662
辽宁省	0.661
安徽省	0.655
江苏省	0.652
山西省	0.650
广东省	0.637
河南省	0.634
云南省	0.625
北京市	0.625
重庆市	0.623
广西壮族自治区	0.615
天津市	0.609
上海市	0.596
贵州省	0.586
甘肃省	0.584
宁夏回族自治区	0.578
陕西省	0.577
内蒙古自治区	0.555
海南省	0.546
青海省	0.539

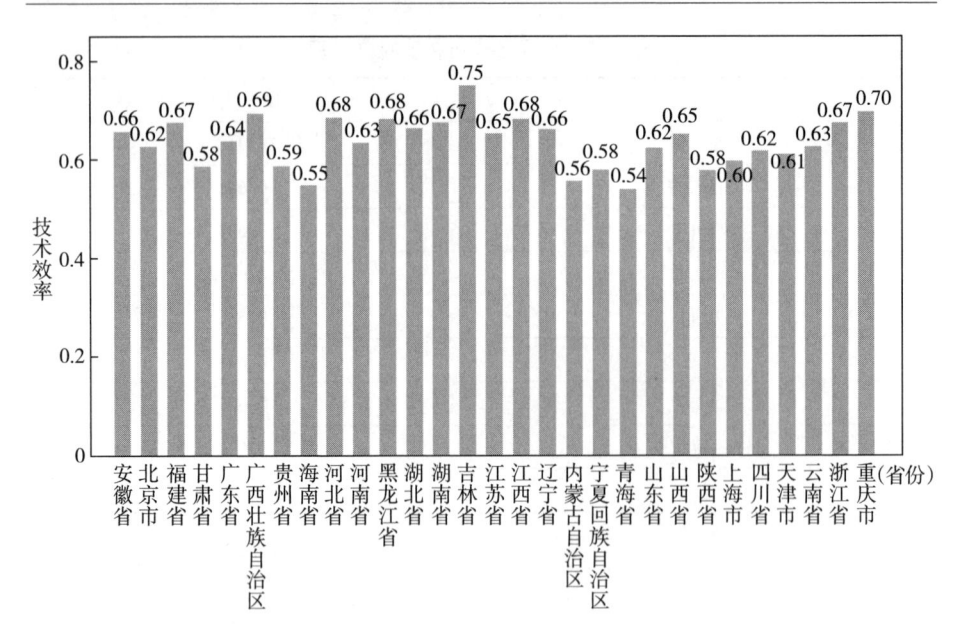

图4-3 全国各省份粮农技术效率分布

我国地域辽阔，不同区域的生产条件千差万别，主要粮食种植类型也存在较大差异。由于农业生产效率受自然条件的约束较强，使得不同地理区位的粮食生产技术效率可能呈现出较大差别。就粮食生产条件的南北差异而言，一方面，从自然条件来看，相比较而言，南方水资源丰富、年均气温较高，农作物品种一般以稻米为主，而且一年至少两熟，而北方水资源条件和年均气温相对较低，农作物一般一年一熟，且以种植小麦、玉米为主；另一方面，从技术条件来看，南方多丘陵和山地，耕地面积相对狭小，土壤质量相对低下，而北方多平原，土壤肥沃，土层深厚。因此，南方机械化发展相对缓慢，而北方机械化普及程度较高。因此，南方和北方在粮食生产的自然条件和技术条件方面各有优劣。

2. 南北分布情况

为了进一步比较南北方粮农生产技术效率差异，我国粮食生产区域以秦岭—淮河为分界线，可以被划分为南方粮食生产区和北方粮食生产区。其中，

第四章 农业生产服务方式政策演化与粮农生产效率分布特征

北方粮食生产区包括黄淮海平原区（鲁、豫以及京津冀地区）、东北平原区（黑吉辽地区）、黄土高原区（青蒙新以及晋陕甘宁地区）15个省份；南方粮食生产区包括长江中下游平原区（两湖、赣、闽、皖以及江浙沪地区）、西南区（渝以及云贵川地区）、华南区（琼、两广地区）。①

（1）南北方粮农技术效率差异总体评价。如表4-8和图4-4所示，从中可以看出，南方粮农技术效率均值为0.652，北方粮农技术效率均值为0.651，两者整体差异较低，表明南北方粮食生产技术效率不存在明显差别。

表4-8 南北方粮农技术效率差异

区域	均值	标准差	样本量
南方	0.652	0.180	2604
北方	0.651	0.198	4450

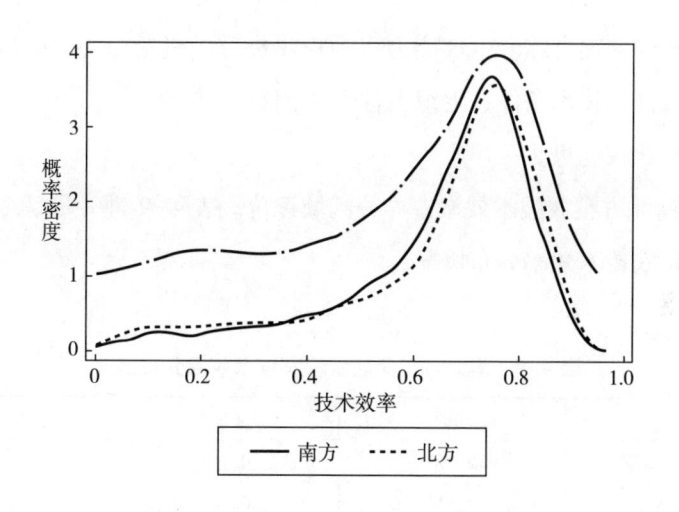

图4-4 南北方粮农技术效率差异分布

改革开放以来，在粮食生产和消费供需关系的作用下，粮食生产重心从原有的"南粮北运"调整为"北粮南运"。20世纪80年代前期，我国粮食生

---

① 详见《中国综合农业区划》。

产、消费的基本格局是"南粮北运",而这一格局形成的根本原因在于两个方面:一方面,南方粮食生产的自然条件显著优于北方,但同期我国农业技术水平相对滞后,从而导致南方的粮食综合生产能力显著优于北方;另一方面,20世纪50~70年代,我国粮食实行的是统购统销和计划调拨的制度体制,由于北方粮食生产综合能力相对滞后,难以满足区域自身消费需求,国家层面通过行政计划的方式,使全国粮食供应得以平衡(郑有贵等,1999)。但是,20世纪80年代中后期,在市场机制的调节下,我国粮食生产和消费格局调整为"北粮南运"局面。产销格局的转变对北方粮食生产的影响是正面的,是适应性调节的市场行为。一方面,随着生产重心由南方转移到北方地区,北方地区农业技术水平得以快速提升,粮食生产的不利条件得以逐步改善,生产技术手段得以不断强化。另一方面,北方人均耕地面积更大,不存在严重的水土流失问题,土壤质量对粮食生产起到了较好的支撑作用。因此,北方地区的粮食综合生产能力得到稳步提升。概括而言,虽然南北方地区在自然条件、技术条件、组织条件等方面存在诸多差异,但两个区域的粮食生产各具比较优势。

(2)南北方粮农技术效率差异分区域评价。表4-9进一步呈现了南北方不同区域粮农技术效率分布情况。

表4-9 南北方不同区域粮农技术效率分布情况

区域	均值	标准差	样本量
黄淮海平原区	0.650	0.175	2259
东北平原区	0.704	0.203	1346
黄土高原区	0.572	0.220	845
长江中下游平原区	0.664	0.174	1511
西南区	0.632	0.183	712
华南区	0.640	0.195	381
总计	0.651	0.192	7054

第四章 农业生产服务方式政策演化与粮农生产效率分布特征

从表 4-9 中可以看出，东北平原的粮农技术效率水平最高，为 0.704；长江中下游平原粮农技术水平次高，为 0.664；西南地区和黄土高原区的粮农技术效率水平最低，分别为 0.632 和 0.572。上述南北方不同区域间粮农技术效率存在较大的差异①。商品粮基地在农业生产自然条件、技术条件、社会经济条件方面具有其他区域不可比拟的优势地位，因为粮农综合生产能力也更高。东北平原农业生产条件优越、人均耕地面积大、机械化水平高，因而粮农技术效率在所有区域内首屈一指②。长江中下游平原水资源最为丰富，纬度低、水热条件丰富，粮食复种指数高，粮农技术效率处于各区域领先水平③。黄淮海平原区虽然不是我国的主要商品粮基地，却是我国最大的平原。因其地势平坦、水土资源丰富、温度适宜，在粮农技术效率方面具有独特的优势。相对而言，黄土高原区、西南区、华南区无论在人均耕地面积，还是在水土资源条件、农机现代化水平上均处于相对劣势的地位，因而粮农技术效率也相对较低。

3. 东中西部地区分布情况

根据不同区域社会经济发展条件，以及《中共中央 国务院关于促进中部地区崛起的若干意见》《国务院发布关于西部大开发若干政策措施的实施意见》等文件精神，我国的经济区域可以被划分为东部地区、中部地区、西部地区三大区域④。根据上述分类，将全国区域进行划分，但由于数据可得性原因未包含西藏。东中西部地区粮农技术效率分布情况如表 4-10 和图 4-5 所示。

表 4-10 东中西部地区粮农技术效率分布情况

区域	均值	标准误	样本量
东部	0.653	0.189	2469

---

① 中国有三江平原、松嫩平原、江淮平原、太湖平原、鄱阳湖平原、江汉平原、洞庭湖平原、成都平原、珠江三角洲平原九大商品粮基地（简称"四江三湖两平原"）。
② 东北平原包括三江平原和松嫩平原。
③ 包括江淮地区、太湖平原、鄱阳湖平原、江汉平原、洞庭湖平原。
④ 其中东部地区包括京、津、冀、鲁、辽、江、浙、沪以及闽、粤、琼11省。中部地区包括黑、吉、晋、皖、赣、鄂、豫、湘8省，西部地区包括陕、甘、宁、川、渝、黔、滇、藏、新、蒙、青、桂12省。

续表

区域	均值	标准误	样本量
中部	0.676	0.182	2908
西部	0.606	0.204	1677

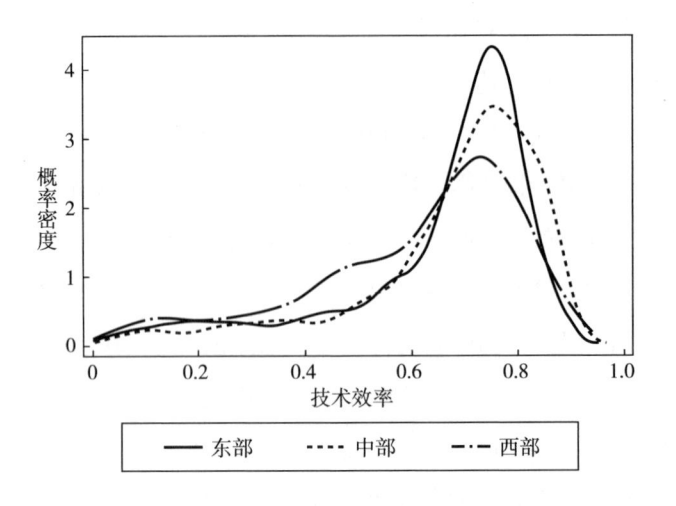

图 4-5 东中西部地区粮农技术效率分布情况

从表 4-10 和图 4-5 可以看出，在东中西三个区域，粮农技术效率分别为 0.653、0.676、0.606。中部地区之所以最高，可能的原因是这片区域除山西外，其余 7 个省份均为我国 13 个粮食主产区之一，虽然区域经济水平相对落后，但属于传统的农业经济强省，这类地区不仅拥有丰富的自然资源，也具有先进的农业生产技术条件。西部地区最低是由于除了四川是我国 13 个粮食主产区之一，其余省份不仅区域经济相对落后，而且也不属于传统的农业强省。东部地区既包括河北、江苏等传统的农业强省，也包括北京、上海、广州等经济强省（市），虽然经济强省的农业已经被边缘化，但是却拥有相对先进的农业生产技术条件，因此粮农技术效率相对较高。

总体而言，社会经济发展条件不同的区域间的粮农技术效率尚存在明显差距。一是东部沿海经济强省和传统的农业经济强省的粮农技术效率水平较高，而西部经济欠发达地区的粮农技术效率水平较低。二是传统的农业经济强省的粮农技术效率水平高于东部沿海经济强省。三是西部欠发达地区与传统农业强省的粮农技术效率水平存在较大差距。因此，新阶段应注重从区域均衡发展的角度，维持东部沿海经济强省和传统农业经济强省的技术效率优势，并不断提升西部欠发达地区的技术效率水平。

4. 主产区和非主产区分布情况

根据财政部、国家粮食和物资储备局标准，将全国粮食生产区域划分为主产区、主销区和产销平衡区（见表4-11）。从供求状况来看，粮食主产区是指在满足区域自给的基础上，还可以调运和出售商品粮满足主销区的消费需求的省份。据统计，全国绝大多数的商品粮来自该区域（韩长赋，2011）；主销区主要是指那些区域内粮食生产无法满足本区域消费的地区；产销平衡区是指区域内粮食供给和粮食消费需求基本持平，具备一定的自给能力的省份。

表4-11 粮食生产区划分标准

分类	省市地区
主产区	黑龙江、吉林、辽宁等（13个省份）
主销区	北京、天津、上海等（7个省份）
产销平衡区	山西、广西、重庆等（11个省份）

粮食功能区的划分主要以气候条件、资源禀赋条件、生产和技术条件等为依据。一是粮食主产区。粮食主产区的耕地类型多以平原为主，土壤疏松且有机质含量高，粮食单产、播种面积、复种指数均高于其他两个功能区（高延雷等，2020）。二是粮食主销区。粮食主销区均为经济发达的沿海地区，气候条件、生产投入能力、基础设施条件均较高，因此粮食具有较高的单产（罗丹等，2013）。但是，人口密度高而耕地数量有限，而且农业被边缘化趋势明显，因此粮食播种面积较低。三是粮食产销平衡区。粮食产销平衡区均为中西部高原、山地或丘陵地形，由于耕地碎片化且质量不高，播种

面积、复种指数以及粮食单产相对偏低。

从表4-12和图4-6可以看出,粮食主产区的粮农技术效率最高,为0.666;粮食产销平衡区的粮农技术效率次之,为0.662;粮食主销区的粮农技术效率最低,为0.638。

表4-12 粮食主产区、主销区、产销平衡区粮农技术效率分布情况

区域	均值	标准差	样本量
主产区	0.666	0.189	4455
产销平衡区	0.622	0.192	1959
主销区	0.638	0.200	640

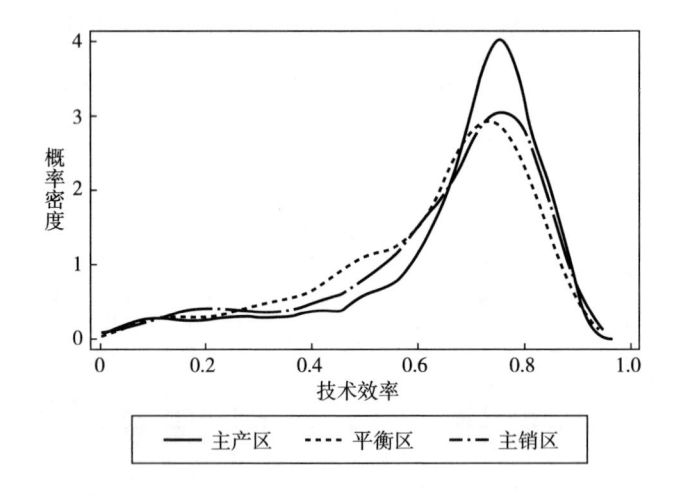

图4-6 粮食主产区、产销平衡区、主销区粮农技术效率分布情况

总体而言,粮食主产区的粮农技术效率远高于其他两个区域,据国家统计局数据显示,13个粮食主产区的粮食产量占比已经超过80%,粮食增产的压力越来越大,农民种植积极性逐年下降,粮食主产区利益流失问题日益凸显。同时,粮食主产区粮食调出能力逐步丧失,只有内蒙古、吉林、黑龙江、河南、安徽5个省份有明显的调出能力(郭庆海,2015)。在这种背景下,

虽然拥有较高的综合生产水平,增产压力对于主产区而言也越来越大。因此,只有不断提升粮食产销平衡区和主销区的粮农技术效率,提升非粮食主产区的粮食自给率,并且不断完善粮食主产区利益补偿机制,才能保障粮食安全的战略目标。

5. 不同农业服务方式分布情况

农业生产服务方式范围包括农业家庭内部经营和生产环节外包两种。农业家庭内部经营主要指依靠家庭自有劳动力、机械等主要的生产要素所从事的农业生产经营活动;生产环节外包经营依靠家庭劳动和在耕地、播种、收割等生产环节雇用农机服务为主的农业生产服务方式。进一步将家庭内部经营划分为传统自营、机械自营两种方式,具体的指标设置参见本书第五章。传统自营是指农户依靠家庭劳动力和雇佣劳动力的方式实现农业生产自我服务;机械自营是指农户依靠自有劳动力和自购农机的方式实现农业生产自我服务。

理由在于:一是家庭内部经营主要通过家庭自有劳动力、生产性畜力和机械相结合而实现自我服务,而生产环节外包经营主要依靠雇用机械的社会化服务。二是虽然粮食种植农户的生产过程包括从土地整理到作物收获等诸多不同环节,但是当前三种主要粮食作物的生产环节外包经营主要发生在整地、播种、收割等机械化程度高的环节。三是病虫害防治和收割等环节虽然也可以被称为生产环节外包经营,但由于不易被机械替代,主要依赖家庭外劳动力服务,本质上仍属于雇工服务,并且由于劳动力成本不断攀升,农户外包需求并不大。例如,孙项强等(2016)对全国4省水稻种植农户调研发现,病虫害防治和施肥环节的外包比例均在4.5%以下,表明在此环节农户的生产性服务需要并不大;而整地和收割的外包比例均在54%以上,播种在7%以上。表4-13初步呈现了采用不同农业服务方式的粮农效率分布情况,从中可以看出,采用机械自营的农户技术效率最高,为0.657;采用生产环节外包经营的农户技术效率次之,为0.652;采用传统自营的农户技术效率最低,为0.643。

表 4-13　不同农业服务方式粮农技术效率分布情况

生产服务方式	均值	标准差	样本量
传统自营	0.643	0.204	982
机械自营	0.657	0.197	1191
生产环节外包	0.652	0.188	4881

同时，从图 4-7 也可以看出，在低效率区间，传统自营的概率密度高于机械自营和生产环节外包经营的密度，而在高效率区间，机械自营的概率密度高于传统自营和生产环节外包经营的密度，这说明采用机械自营农户的技术效率明显高于传统自营和生产环节外包经营。以上结果初步说明，无论是机械自营还是生产环节外包经营的技术效率均显著高于传统自营。但是，这一结果是在未控制其他变量的条件下而得到的，可能因内生性问题而使得估计结果产生偏差。为了得到更精确的估计结果，需要进一步采用因果识别方法进行验证。

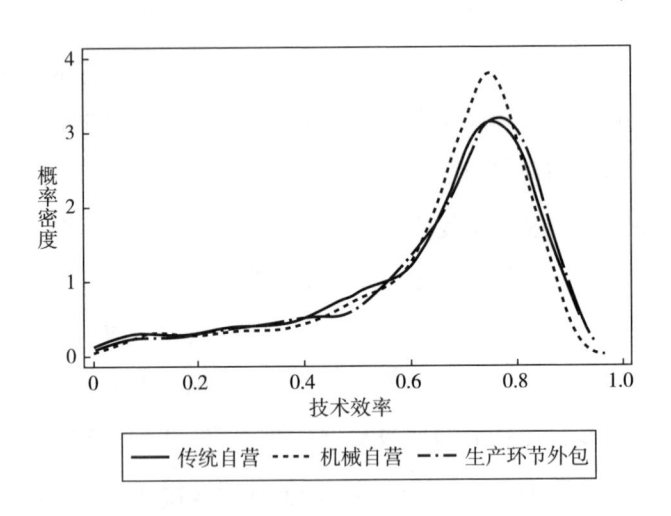

图 4-7　不同方式技术效率分布情况

6. 不同规模粮农技术效率分布情况

从现有研究来看，农户经营规模没有明确的划分标准，大多数研究将调查的样本总体分布情况作为经营规模的划分依据。但从表4-14可以看出，经济作物和粮食作物组间存在明显差别。对于经济作物而言，一般0~4亩或0~5亩可视为小规模农户，而8亩以上则可视为大规模农户；对于粮食作物而言，组别划分的类型更加多样化，因而对于小规模农户和大规模农户的定义也不尽相同。统计数据显示，农村现有2.3亿农户，耕地总面积为13.5亿亩，户均5.9亩[①]。可以推断，0~6亩视为小规模农户较为符合实际情况，而大于6亩的农户则可视为中大规模农户。

表4-14 不同类型作物经营规模划分依据

作者及年份	作物类型	经营规模分类方式	划分依据
屈小博（2009）	经济作物	0~4亩（小规模）；4~8亩（中规模）；8亩以上（大规模）	样本分布情况
刘天军等（2013）	经济作物	0~4亩（小规模）；4~7亩（中规模）；7亩以上（大规模）	
冯晓龙等（2018）		0~6亩（小规模）；6~10亩（中规模）；10亩以上（大规模）	
高鸣等（2016）	粮食作物	0~3亩、3~6亩、6亩以上	
刘颖等（2016）		1公顷以下（小规模组）；1~1.53公顷（中规模组）；1.53公顷以上（大规模组）	
贾娟琪等（2017）		0~5亩、5~10亩、10~20亩、50~100亩、100亩以上	
罗丹等（2017）		0~5亩、5~10亩、10~20亩、50~100亩、100~150亩、150~200亩、200亩以上，共8个组别	

依据现有研究和样本分布情况，将农户经营规模划分为五等分规模和三等分规模。从表4-15可以看出，经营规模1到经营规模5，粮农技术效率均值呈现微弱先升高后降低的"倒U形"趋势，亦即经营规模与粮农技术效率之间存在非线性关系。但是，经营规模1和经营规模2的粮农技术效率仅有

---

① 资料来源于《第三次全国农业普查公报》。

0.001的差距，因而经营规模与粮农技术效率之间实际上存在着负相关关系，即IR关系。

表4-15 样本经营规模五等分分组

五等分经营规模	技术效率均值	标准差	样本量
经营规模1	0.661	0.173	1389
经营规模2	0.662	0.175	1409
经营规模3	0.655	0.184	1636
经营规模4	0.640	0.202	1195
经营规模5	0.638	0.221	1421

进一步地，从表4-16可以看出，经营规模1到经营规模3，粮农技术效率呈现下降趋势，亦即经营规模与粮农技术效率之间存在负相关关系。通过比较表4-15和表4-16的结果可知，农户经营规模与技术效率值之间均存在负相关关系。以上结果共同说明，相对于大农户而言，小农户具有更高的技术效率。这一结论与众多研究亚非拉地区农业生产效率与经营规模之间关系的结论具有一致性。

表4-16 样本经营规模三等分分组

三等分经营规模	技术效率均值	标准差	样本量
经营规模1	0.662	0.174	2773
经营规模2	0.652	0.189	2259
经营规模3	0.637	0.215	2018

从统计结果来看，相对于土地经营大规模农户，我国小农户具有更高的技术效率（见图4-8）。这一结果与许多发展中国家具有相同的属性。但是，应该正确看待小农户具有更高效率这一结论。一方面，小农户虽然具有更高的生产效率，但是经营规模狭小一般使小农户在市场上不具有竞争优势，从而面临"增产不增收"困境。另一方面，IR关系通常出现在发展中国家，而发达国家却具有规模经济和范围经济效率，而且往往规模越大生产效率也相

应越高。因此，这种差异化的结果很可能是由于生产力发展阶段不同所导致的。土地经营规模本质上是由人地关系所决定的，例如，我国的人地关系体现为"人多地少"，相应的土地经营规模则小，欧美等发达国家往往"人少地多"，相应的土地经营规模则大。然而，人地关系又进一步受到工业化、城镇化建设的影响，但本质上均体现为生产关系的不同。从这个角度而言，土地经营规模会随着技术效率的不同而不断提升。当然，土地经营规模也会反作用于技术效率。因此，在客观评价土地经营规模与技术效率关系的技术上，应注重对农户适度规模经营的引导，发挥土地经营规模效益，促进农户"稳产增收"。

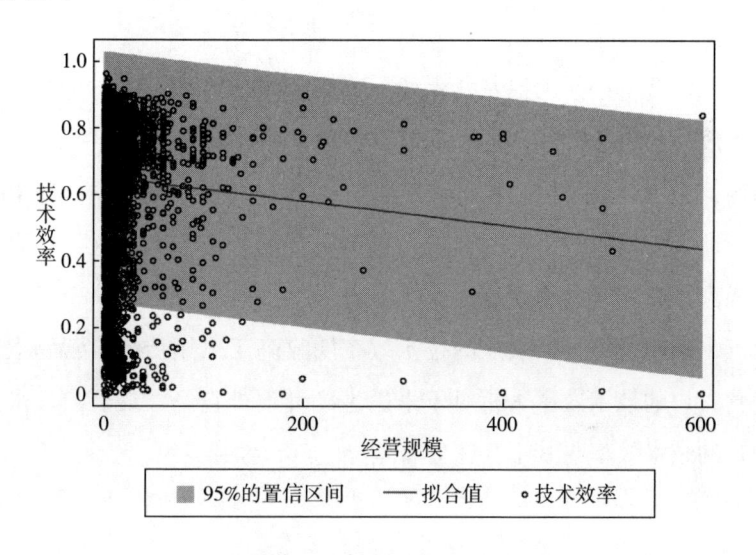

图 4-8 粮农规模与技术效率分布情况

第四节 本章小结

本章使用 2015 年和 2017 年 CRHPS 的两轮面板数据，采用 SFA 方法对种植粮食作物农户的技术效率进行了测算。在此基础上，比较分析了不同土地经营规模、不同生产区域、不同服务方式的粮农技术效率分布情况，得到如下结论：

第一，我国不同区域粮食生产技术效率差距仍然存在，并且呈现出东部经济发达地区的技术效率水平高，西部欠发达地区的技术效率水平低的状态。

第二，南北方粮食生产虽然在自然条件、技术条件、组织条件等方面存在诸多差异，但两个区域各具比较优势，两者整体差异较小，粮食生产技术效率不存在明显差别。进一步从南北方区域内部来看，东北平原的粮农技术效率水平最高，长江中下游平原粮农技术水平次最高，西南地区和黄土高原区的粮农技术效率水平最低，上述南北方不同区域间粮农技术效率存在较大的差异。

第三，粮食主产区的粮农技术效率远高于其他区域，这与气候资源禀赋条件、生产技术条件，以及生产政策条件差异等可能密切相关。

第四，经营规模与粮农技术效率值之间均存在负相关关系，即 IR 关系。相对于土地大规模农户，小规模农户具有更高的技术效率，这一结果与许多发展中国家具有相同的属性。

第五，采用机械自营农户的技术效率明显高于采用传统自营和生产环节外包经营农户的技术效率。相对于采用生产环节外包经营的农户，采用机械自营农户的技术效率与其不存在显著差异。

第五章 农业生产服务方式选择与粮农生产效率：总体考察

第一节 引言

第四章基于 Trans-Log 生产函数的 SFA 方法测度了粮农的技术效率，并且通过初步比较采用不同农业生产服务方式粮农的技术效率得知，采用机械自营粮农的技术效率明显高于采用生产环节外包经营和传统自营的，并且生产环节外包经营粮农的技术效率明显高于采用传统自营的。上述结果只是初步的描述性统计结果，但是如果存在内生性问题，那么在此基础上得到的结论可能并不可靠。

为了获得一致性估计，需要进一步采用实证分析方法克服内生性问题，探究农业生产服务方式对粮农生产效率的影响。本章基准回归部分主要采用 OLS 方法进行了实证分析。在基准回归分析的基础上，针对模型中可能存在内生性问题进行充分讨论，并且提出相应的解决措施。一是采用工具变量法处理内生性问题，主要解决测量误差、遗漏变量以及联立因果问题；二是采用倾向得分匹配处理内生性问题，主要解决自选择问题；三是分别采用更换因变量法、分位数回归法、双向固定效应法进行稳健性分析。

本章的结构安排如下：一是实证研究设计，介绍基准回归模型，并且讨论农业生产性服务方式对粮农生产效率影响可能存在的内生性问题以及需要采用的处理方法。二是基准回归结果分析，在研究指标选取与描述性统计分析的基础上，汇报基准的回归结果。三是进行内生性与稳健性分析。

第二节 实证研究设计

一、基准模型设定

为了识别农业生产服务方式对粮农技术效率的影响，本章的基本模型设定如式（5-1）所示：

$$Y_{it} = \alpha + \beta sersty_{it} + \delta X_{it} + \varepsilon_{it} \tag{5-1}$$

式（5-1）中，Y_{it} 表示第 i 个农户第 t 年的技术效率，$sersty_{it}$ 表示第 i 个农户第 t 年的农业生产服务方式，是一个虚拟变量，包括传统自营、机械自营和生产环节外包经营三种方式。借鉴范建双（2015）对中国国有企业、私营企业和外资工业企业地区间效率差异的研究思路，以及郭晔等（2020）对战略投资者选择与银行效率的研究思路。首先，引入采用传统自营和机械自营的粮农作为样本，以检验第三章提出的假说 3-1 和假说 3-2。其次，引入采用机械自营和生产环节外包经营的粮农作为样本，以检验第三章提出的假说 3-3 和假说 3-4。最后，引入采用传统自营和生产环节外包经营的粮农样本，以检验第三章提出的假说 3-5。X_{it} 表示控制变量，包括户主、家庭和社区三个层面的特征变量。α、β、δ 为待估参数，ε_{it} 表示随机扰动项。

二、内生性讨论

内生性是因果关系识别需要解决的关键问题。农业生产服务方式的内生性可能来源于以下几个方面：

一是自选择问题。农户是否选择某项农业生产服务方式可能会根据生产服务方式本身的预期收益进行选择，从而导致"选择难题"，解决这一问题的常用方法是采用 PSM（倾向得分匹配）模型。根据上述讨论，倾向得分模型设定如式（5-2）所示：

$$P(X) = Pr[D=1/X] \tag{5-2}$$

在式（5-2）中，X 表示控制组的特征向量，D 表示指标变量，估计倾向性得分后，ATT 可估计如式（5-3）~式（5-5）所示：

$$ATT = E[Y_{1i} - Y_{0i} \mid D_i = 1] \tag{5-3}$$

$$ATT = E\{E[Y_{1i} - Y_{0i} \mid D_i = 1, p(X_i)]\} \tag{5-4}$$

$$ATT = E\{E[Y_{1i} \mid D_i = 1, p(X_i)] - E\{E[Y_{0i} \mid D_i = 0, p(X_i)] \mid D_i = 1]\} \tag{5-5}$$

在式（5-5）中，Y_{1i} 和 Y_{0i} 分别表示实验组和控制组的潜在结果，为了得到 PS 值，本文采用 Logit 模型进行估计。

二是双向因果关系（联立因果问题）。一方面，农业生产服务方式能够通过成本或产量而影响粮农的生产效率；另一方面，上一期农业生产效率的提高或降低会反作用于下一期粮农农业生产服务方式的选择。

三是遗漏变量问题。一些不可观测的因素可能同时影响农业生产服务方式选择和粮农生产效率，从而产生遗漏变量问题。在众多方法中，工具变量法被认为是能够同时处理上述两类内生性问题的计量方法。

外生性和相关性是工具变量设定所需要遵循的两个根本原则。根据方颖等（2011）、周京奎等（2020）工具变量的选择思路，将农地制度改革早期的历史数据作为当前农业生产服务方式的工具变量。中国农村改革发端于1978 年，家庭联产承包责任制实施为农村市场要素自由配置提供了根本性的条件。在过去的 40 多年里，随着农业劳动力的不断转移，农业生产的要素相对价格不断调整，农户生产要素结构也不断分化。由此，要素相对价格和结构的分化是促使不同农户理性地选择不同农业生产服务方式的主要成因，而家庭联产承包责任制是造成上述成因的基本性制度条件。

由此，选择1983年家庭联产承包责任制初期，各省份实施家庭联产承包责任制的户数比例作为农业生产服务方式的工具变量。理由在于：一是家庭联产承包责任制是造成当前农业生产服务方式差异的基本性制度条件；二是家庭联产承包责任制与本书样本期的粮食产量没有直接联系。因此，使用家庭联产承包责任制作为农业生产服务方式的工具变量，既满足相关性要求，也满足外生性要求。

三、指标选取与描述性统计

1. 被解释变量

本书的被解释变量为技术效率，依据种植小麦、玉米、水稻三种主要粮食作物粮农的投入产出关系，选择总产量作为产出指标，农业劳动时间、农业资本投入，以及播种面积分别作为投入指标。在此基础上，采用Trans-Log生产函数对技术效率进行测算。除此之外，为了检验实证分析的稳健性，还采用C-D生产函数对技术效率进行测算。本章的被解释变量为第四章测算所得。

2. 核心解释变量

农业生产服务方式选择为核心解释变量，根据上一章的分析，将其分为传统自营、机械自营和生产环节外包经营三种方式。农业生产服务方式变量设计根据农户农业机械拥有情况和农业机械租赁情况进行划分。根据问卷中"您家的农业机械共值多少钱？若无农业机械则填'0'""去年，您家租赁农业机械及农用运输车辆一共花了多少钱"，将上述两个变量分别处理为虚拟变量。如果农户家庭没有农业机械且没有租赁农业机械费用支出，则为"传统经营"，如果农户家庭拥有农业机械但没有租赁农业机械费用支出，则为"机械自营"，如果农户家庭没有农业机械但存在租赁农业机械费用支出，则为"生产环节外包经营"。首先，对比传统自营和机械自营的效率差异以及不同规模粮农传统自营和机械自营的效率差异。其次，对比机械自营和生产环节外包经营的效率以及不同规模机械自营和生产环节外包经营的效率差异。最后，对比传统自营和生产环节外包经营以及不同规模传统自营和生产环节外包经营的效率差异。

3. 控制变量

户主特征变量包含年龄、年龄平方、性别和受教育程度，其中年龄和年龄平方均为连续变量并进行对数处理，表征粮农家庭生命周期所处的阶段，相对而言年轻家庭由于精力体力更加充沛，相同的劳动投入往往会具有更多的劳动产出，因而在其他条件不变的情况下，技术效率水平也更高；户主性别，为0~1的虚拟变量，反映男性农业劳动力和女性农业劳动力在农业生产中的区别，由于生物学的天然差异，在拖拉机、旋耕机、收割机等具有较高技术水平的农业器具使用技能和熟练程度方面，男性劳动力更加具有比较优势，因而在其他条件不变的情况下，男性农业劳动力往往比女性农业劳动力具有更高的技术效率。

受教育程度以受教育年限表示，从没上过学到研究生6个阶段，分别赋值为0、6、9、12、15、16。受教育程度度量的是不同农户家庭的人力资本水平差异，一般而言，对于耕作经验、性别比例等相同的农户家庭而言，人力资本水平越高的家庭，在农业生产要素优化配置、新技术的应用程度等方面均具有明显优势，因此技术效率水平也越高。

家庭特征变量主要为农业生产性贷款的可得性，根据问卷"您家因农业生产经营活动是否有银行/信用社贷款""您家因农业生产经营活动是否有民间借贷"，设置变量为农业生产正式贷款和农业生产非正式贷款，为0~1的虚拟变量。信贷在农户生产经营活动中发挥着重要作用，整地、播种、收割等一系列生产环节不仅会受到自然条件的影响，也会受到信贷市场的制约。如果农户在农药、化肥、机械投入等环节受到流动性制约而不能获得有效的信贷支持，其生产经营获得将难以达到最优产出。因此相对于没有获得信贷支持的粮农，获得信贷支持的粮农技术效率可能更高。但是，农业信贷可分为正式信贷和非正式信贷两种，具体的影响效率需要进行进一步的实证分析。

村庄特征变量包括村庄人口规模、村集体经济水平、村庄人均可支配收入、村庄流动人力资本水平、村庄治理水平以及村庄交通情况。村庄人口规模根据问卷"社区常住人口有多少人"设置，用以表征村庄实体规模，同时采用对数处理。村集体经济水平和人均可支配收入，分别根据问卷"本社区集体经济收入是多少"和"本社区居民的人均可支配收入是多少元"设置，用以表征村庄经济规模，同时采用对数处理。一般村庄实体规模和经济规模越大，村庄整体具有较好的生产设施基础，以及交通、通信等基础条件，相应地村庄的粮农技术效率也越高。相反地，村庄实体规模和经济规模越小，其完善农业生产基础设施的能力越低、条件越差，相应地粮农技术效率水平也将受到村庄发展的影响。

村庄流动人力资本水平根据"自当地大学生村官政策实施以来，到社区工作的大学生村官有多少人"设置为连续变量，单位为人/村。大学生村官作为一种外部的人力资本，必然对村庄农业生产带来相应的影响，包括对农业生产条件的完善、农业生产知识和技术的推广和普及等，相应地拥有大学生村官越多的村庄，粮农技术效率水平可能越高。村庄交通水平根据"本村通往县城中心的道路共有多少条"设置为连续变量，单位为条/村。村庄治理水平根据问卷"社区共有多少名党员"设置为连续变量，单位为人/村。

村庄治理水平越高的村庄，村内公共治理秩序更加完善，村庄内部的合作水平相应地越高，对于农业技术推广工作、新技术采纳等均具有正向影响，相应地粮农技术效率水平也越高。村庄交通水平对于农资等生产资料的价格往往具有较大的影响，一般交通条件越差的村庄，农资市场越不完善，容易面临垄断定价的风险越高，相应地农业生产成本也越高，从而粮农技术效率越低。相反地，村庄交通条件越好，农户越容易购买到物美价廉的农资产品，降低农业生产成本，从而技术效率水平也越高。表5-1呈现了变量的描述性统计结果。

表 5-1 变量的描述性统计

变量	变量描述	样本量	均值	标准差	最小值	最大值
年龄	单位：年，取对数	7198	4.001	0.215	1.609	4.543
年龄平方	单位：年，取对数	7198	7.965	0.439	2.833	9.065
性别	男=1，女=0	7198	0.900	0.300	0	1
受教育年限	单位：年	7195	7.400	3.230	0	16
农业生产正式贷款	获得=1，否则=0	7180	0.046	0.209	0	1
农业生产非正式贷款	获得=1，否则=0	7182	0.114	0.318	0	1
村庄人口规模	单位：人，取对数	5716	7.214	0.906	3.434	10.407
村集体经济	单位：元，取对数	5621	7.586	5.482	0	17.910
村庄人均可支配收入	单位：元，取对数	5641	8.590	0.732	5.602	11.695
村庄治理水平	党员人数，单位：人，取对数	5790	3.768	0.654	1.099	6.553
村庄流动人力资本	大学生村官数，单位：人	5789	0.406	0.541	0	3.219
村庄交通情况	通往县城中心道路数，单位：条	5738	2.615	0.774	1	5

表 5-2 呈现了不同农业生产服务方式技术效率比较的描述性统计结果。从中可以看出，首先，对于机械自营与传统自营的粮农而言，采用机械自营粮农的技术效率均值为 0.657，远高于采用传统自营粮农的技术效率。其次，对于生产环节外包经营与传统自营而言，采用生产环节外包粮农的技术效率均值为 0.658，同样远大于采用传统自营粮农的技术效率。最后，对于采用生产环节外包经营与机械自营而言，粮农技术效率之间的差距仅为 0.001，不存在明显差距。因此，初步可以判断，无论是采用机械自营还是采用生产环节外包经营粮农的技术效率均高于采用传统自营的农户，而且机械自营和生产环节外包经营粮农技术效率之前不存在明显差别，但以上结果还需要进一步实证验证。

表 5-2 不同农业生产服务方式技术效率比较的描述性统计

不同农业生产服务方式的技术效率比较		均值	标准差	样本量
机械自营与传统自营	传统自营	0.639	0.204	1716
	机械自营	0.657	0.195	1223

续表

不同农业生产服务方式的技术效率比较		均值	标准差	样本量
生产环节外包经营与传统自营	传统自营	0.639	0.204	1716
	生产环节外包经营	0.658	0.178	2978
生产环节外包经营与机械自营	机械自营	0.657	0.195	1223
	生产环节外包经营	0.658	0.178	2978

第三节 基准回归结果分析

一、机械自营与传统自营

表5-3基于OLS，比较了机械自营和传统自营两种农业生产服务方式对粮农技术效率的影响，其中传统自营为基准组。模型（1）显示，在不控制其他变量的条件下，农业生产服务方式的系数在5%的水平上显著为正，表明采用机械自营粮农的技术效率显著高于采用传统自营的粮农。换言之，相对于传统自营，机械自营对粮农技术效率存在显著促进作用。在第（1）个模型的基础上，模型（2）和模型（3）进一步控制了户主、家庭、村庄层面的特征变量，农业生产服务方式的系数分别在5%和10%的水平上显著为正，表明估计结果较为稳健。这一结果与第三章的假说3-1具有一致性，即机械对劳动的替代所产生的技术进步效应是机械自营和传统自营间效率差异的主要原因。

表5-3 基准回归：机械自营与传统自营

变量	模型（1）		模型（2）		模型（3）	
	系数	标准误	系数	标准误	系数	标准误
农业生产服务方式	0.018**	0.008	0.016**	0.008	0.015*	0.008
户主年龄			−12.825**	5.335	−19.077***	6.467
户主年龄平方			6.287**	2.615	9.348***	3.171

续表

变量	模型（1）		模型（2）		模型（3）	
	系数	标准误	系数	标准误	系数	标准误
户主性别			0.000	0.012	-0.015	0.014
户主受教育程度			0.003**	0.001	0.003**	0.001
正式贷款					-0.005	0.018
非正式贷款					-0.036***	0.012
村庄人口规模					0.018***	0.005
村集体经济					0.002***	0.001
村人均可支配收入					0.012**	0.006
村庄治理水平					0.006	0.008
村庄流动人力资本					-0.011	0.007
村庄交通情况					0.000	0.005
常数项	0.639	0.005	1.866***	0.527	2.259***	0.631
R^2	0.002	0.002	0.005	0.005	0.027	
样本量	2939	2939	2938	2938	2348	2348

注：*、**、***分别表示在10%、5%、1%的水平上显著。

在控制变量方面，户主年龄的系数为负，并且通过了1%的显著性检验。表明户主年龄越大，粮农技术效率水平越低。户主年龄的系数平方项为正，并且通过了1%的显著性检验。表明户主年龄与粮农技术效率存在"U形"关系。户主性别的系数为正，但不显著，表明男性粮农技术效率水平不显著高于女性。户主受教育程度的系数为正，并且通过了5%的显著性检验。表明人力资本水平越高的粮农，技术效率也越高。正式贷款的系数为负，但不显著，非正式贷款的系数为负，并且通过了1%的显著性检验。表明民间贷款对粮农技术效率存在负向影响。村庄人口规模的系数为正，并且通过了1%的显著性检验。村集体经济水平的系数为正，并且通过了1%的显著性检验。村人均可支配收入的系数为正，并且通过了5%的显著性检验。表明村庄实体规模和经济规模越大，又有利于提升粮农技术效率。村庄治理水平的系数为正，但不显著，村庄流动人力资本的水平为负但不显著，村庄交通情况为正但不显著。以上结果与预期分析结果基本保持一致。

二、生产环节外包经营与机械自营

表5-4基于OLS，比较了生产环节外包经营和机械自营两种农业生产服务方式对粮农技术效率的影响，其中机械自营为基准组。在不控制其他变量的条件下，模型（1）显示，农业生产服务方式的系数为正但不显著，表明采用生产环节外包经营粮农的技术效率与采用传统自营粮农的技术效率之间并不存在显著差别。在控制了户主、家庭、村庄特征变量后，模型（2）表明，农业生产服务方式的系数为负且依然不显著，表明估计结果较为稳健。以上结果说明，相对于机械自营，生产环节外包经营对粮农技术效率不存在显著作用。然而，当前众多文献分析认为，生产环节外包必然通过劳动分工效应提高农业生产效率（陈超等，2012；张忠军和易中懿，2015；孙顶强等，2019），这一结果与上述观点或结论并不一致。

表5-4 基准回归：生产环节外包与机械自营

变量	模型（1）系数	标准误	模型（2）系数	标准误	模型（3）系数	标准误
农业生产服务方式	0.000	0.006	-0.000	0.006	-0.004	0.007
户主年龄			-1.449	3.941	-3.932	4.722
户主年龄平方			0.711	1.931	1.928	2.314
户主性别			0.010	0.010	0.002	0.011
户主受教育程度			0.003***	0.001	0.005***	0.001
正式贷款					0.001	0.016
非正式贷款					-0.033***	0.010
村庄人口规模					0.024***	0.005
村集体经济					0.002**	0.001
村人均可支配收入					0.015***	0.005
村庄治理水平					0	0.007
村庄流动人力资本					-0.009	0.006
村庄交通情况					-0.003	0.004
常数项	0.657***	0.005	0.761*	0.393	0.699	0.470
R^2	0.002	0.002	0.006	0.006	0.032	0.032

续表

变量	模型（1）		模型（2）		模型（3）	
	系数	标准误	系数	标准误	系数	标准误
样本量	4201	4201	4692	4692	3088	3088

注：*、**、***分别表示在10%、5%、1%的水平上显著。

不过，上述结果与本书第三章的假说3-3具有一致性，即生产环节外包经营虽然可以因劳动分工效应而带来农户生产效率提升，但是生产环节外包经营本质上是一种市场交易，市场交易必然产生市场交易费用。第三章的理论分析表明，生产环节外包经营需要面临搜寻、讨价还价和分摊，以及价格歧视和集体决策等成本。正如杨小凯所指出的，因为市场协调、空间距离损耗等交易费用的存在，"分工经济与交易效率具有两难冲突"。实际上，农户家庭内部经营本质上和企业具有共同的性质，作为一种特殊的市场主体，可以将"外部交易内部化"，进而促进交易和生产效率。

三、生产环节外包经营与传统自营

表5-5基于OLS，比较了生产环节外包经营和传统自营两种农业生产服务方式对粮农技术效率的影响，其中传统自营为基准组。在不控制其他变量的情况下，模型（1）显示，农业生产服务方式的系数在1%的水平上显著为正，表明采用生产环节外包经营粮农的技术效率显著高于采用传统自营的农户，换言之，相对于传统自营，生产环节外包经营对粮农技术效率存在显著促进作用。在控制户主、家庭、村庄特征变量的基础上，模型（2）和模型（3）均表明，农业生产服务方式的系数分别在1%和10%的水平上依然显著为正，表明估计结果较为稳健。

表5-5 基准回归：生产环节外包与传统自营

变量	模型（1）		模型（2）		模型（3）	
	系数	标准误	系数	标准误	系数	标准误
农业生产服务方式	0.019***	0.006	0.015***	0.006	0.012*	0.007

续表

变量	模型（1）		模型（2）		模型（3）	
	系数	标准误	系数	标准误	系数	标准误
户主年龄			0.191	4.047	-4.094	4.800
户主年龄平方			-0.101	1.984	2.003	2.353
户主性别			0.001	0.009	-0.013	0.011
户主受教育程度			0.003***	0.001	0.005***	0.001
正式贷款					0.009	0.020
非正式贷款					-0.035***	0.010
村庄人口规模					0.014***	0.004
村集体经济					0.003***	0.001
村人均可支配收入					0.005	0.005
村庄治理水平					0.009	0.007
村庄流动人力资本					-0.013**	0.006
村庄交通情况					-0.006	0.004
常数项	0.639***	0.005	0.659*	0.396	0.878*	0.470
R^2	0.002	0.002	0.006	0.006	0.03	0.03
样本量	4694	4694	4692	4692	3430	3430

注：*、**、***分别表示在10%、5%、1%的水平上显著。

这一结果与第三章的假说3-3具有一致性，即生产环节外包经营可以通过技术进步效应和劳动分工效应提升农户生产效率。结合表5-4的结果可知，劳动分工效应和缴费费用之间存在着相互抵消的作用。同时结合表5-3和表5-5的结果，从系数中也可以看出，在不控制其他变量的条件下，农业生产服务方式的系数分别为0.018和0.019，两者均显著为正且相差并不明显。以上结果共同说明，相对于传统自营，机械自营和生产环节外包经营对农户生产效率的提升机制均更显著地体现为技术进步效应，即机械对劳动的替代。

与本书结论保持一致的是，Qing等（2019）利用北京大学中国农业政策研究中心2013年和2015年两轮农业调查数据，包括东北和华北两个主要粮食（以小麦和玉米为主）生产区的数据，考察农业机械化外包服务对粮食种植农户生产效率和营利能力的影响时同样发现：第一，农业机械化外包服务可以通过提高资本—劳动比率来提高农业生产效率，但是对粮食作物产量不存在影响。第二，将农业机械化服务外包作为生产手段的农户，盈利能力和农场效率显著低于拥有自己机械设备的农户。第三，农业机械化服务外包对农户生产效率的影响与自有投资农机具有相似的作用，并且将显著提升没有机械设备农户的生产效率，但是相对于自有投资农机并不具有显著的生产效率优势，这也意味着在户均资本设备水平相同的条件下，农户租赁机械化服务与投资自有设备之间不存在生产效率差异。

第四节 内生性处理与稳健性分析

一、内生性处理

1. 倾向得分匹配

倾向得分匹配主要原理是基于可观测变量处理自选择问题，而且特别适合于样本量大和协变量较多的情况。在 Stata 估计中 psmatch2 是最早使用的非官方命令，并且提供了近邻匹配、核匹配等丰富的测度方法，但是却提供了错误的标准误。为了克服上述估计方法的弊端，Abadie 和 Imbens（2016）在 Econometrica 提出了一种基于 AI 稳健标准误的匹配方法。在上述方法中，近邻和卡尺匹配两种核心的匹配方法被广泛使用。其中，估计结果 ATET 即 psmatch2 中的 ATT 效应。表 5-6 呈现了 PSM 的估计结果。

第一，在机械自营与传统自营组中，传统自营被作为对照组，机械自营被作为试验组，ATET 的系数在 5%的水平上显著为正，表明采用机械自营粮农的技术效率显著高于采用传统自营的粮农。第二，在生产环节外包经营与传统自营组中，传统自营被作为对照组，生产环节外包经营被作为试验组，ATET 的系数在 1%的水平上显著为正，表明采用生产环节外包经营粮农的技术效率显著高于采用传统自营的粮农。第三，在生产环节外包经营与机械自营组中，机械自营被作为对照组，生产环节外包经营被作为试验组，ATET的系数为负但不显著，表明采用生产环节外包经营粮农的技术效率与机械自营粮农之间不存在显著差异。以上结果表明，在解决自选择问题后，估计结果依然与基准保持一致。

表5-6 内生性处理：PSM估计

农业生产服务方式	ATE	AI稳健标准误	ATET	AI稳健标准误	样本量
机械自营与传统自营	0.019**	0.008	0.019**	0.008	2938
生产环节外包经营与传统自营	0.020***	0.006	0.022***	0.007	4692
生产环节外包经营与机械自营	-0.004	0.007	-0.007	0.007	4198

注：*、**、***分别表示在10%、5%、1%的水平上显著。

2. 工具变量法

表5-7汇报了采用2SLS方法的IV估计第二阶段结果。从表5-7中可以看出，DWH检验的P值拒绝核心解释变量为外生变量，故存在内生性问题。同时，根据经验值法则，第一阶段的F值显著高于10，这表明不需要考虑弱工具变量问题。根据估计结果可知，首先，从机械自营和传统自营的比较中可以看出，农业生产服务方式的系数在1%的水平上显著为正。其次，从生产环节外包经营和传统自营的比较中可以看出，农业生产服务方式的系数在5%的水平上显著为正。以上两组的估计结果均与基准回归保持一致，这意味着在克服内生性问题后，所得到的结论依然稳健。最后，从生产环节外包经营和机械自营的比较中，农业生产服务方式的系数在1%的水平上显著为负，表明相对于采用机械自营的粮农，采用生产环节外包经营粮农的技术效率更低。

表5-7 内生性处理：IV估计

变量	机械自营与传统自营		生产环节外包经营与传统自营		生产环节外包经营与机械自营	
	系数	标准误	系数	标准误	系数	标准误
农业生产服务方式	0.238***	0.054	0.993**	0.483	-0.215***	0.040
户主年龄	-11.16	7.773	-15.586	14.628	1.839	5.531

续表

变量	机械自营与传统自营		生产环节外包经营与传统自营		生产环节外包经营与机械自营	
	系数	标准误	系数	标准误	系数	标准误
户主年龄平方	5.499	3.809	7.603	7.166	-0.878	2.709
户主性别	-0.035**	0.017	-0.008	0.030	-0.016	0.014
户主受教育程度	0.001	0.002	0.023**	0.009	0.007***	0.001
正式贷款	-0.055**	0.024	-0.041	0.059	-0.053**	0.021
非正式贷款	-0.040***	0.014	-0.077**	0.035	-0.044***	0.012
村庄人口规模	0.010	0.007	0.045**	0.019	0.024***	0.005
村集体经济	0.002**	0.001	-0.004	0.004	0	0.001
村人均可支配收入	0.005	0.007	0.032*	0.019	0.014**	0.005
村庄治理水平	0.015	0.010	0.052*	0.029	0.015*	0.009
村庄流动人力资本	-0.006	0.009	-0.016	0.017	-0.004	0.007
村庄交通情况	0.005	0.006	0.028	0.020	0.006	0.005
常数项	1.250	0.779	2.095	1.445	0.049	0.555
样本量	2225	2225	3336	3336	2995	2995
第一阶段F值	17.390	17.390	11.540	11.540	26.480	26.480
DWH检验Chi2	23.221	23.221	33.815	33.815	37.577	37.577
(P-value)	0.000	0.000	0.000	0.000	0.000	0.000

注：*、**、***分别表示在10%、5%、1%的水平上显著。

需要说明的是，首先，工具变量的使用必须保证核心解释变量为内生变量，可采用 Hausman 检验或 Durbin-Wu-Hausman 检验（简称 DWH 检验），而且后一种方法在存在异方差的情况下估计结果同样稳健。其次，工具变量的使用需满足外生性检验。本书工具变量数量等于内生解释变量的数量，无法通过统计手段加以验证，更多的是依赖定性讨论。最后，工具变量的使用需要满足相关性检验，一般不存在弱工具变量问题即可。

二、稳健性分析

1. 采用 C-D 生产函数测算技术效率

本书基准回归部分主要基于 Trans-Log 生产函数测算的因变量粮农技术效率，为进一步检验结论的稳健性，换用 C-D 生产函数法重新测算因变量。

在第二章文献综述部分指出，在生产要素种类较多时，Trans-Log 生产函数会使回归结果十分复杂，容易产生多重共线性问题，更适合面板数据。但也有研究指出，C-D 生产函数模型虽然简单，但是对技术效率估计结果准确性不产生影响（黄祖辉等，2014）。从上述观点可以看出，实际两种方法各有优劣，这也是被用于互相检验的主要依据。测度 C-D 生产函数的基本形式为式（5-6）：

$$Y_{it} = AL_{it}^{\alpha}K_{it}^{\beta} \tag{5-6}$$

在式（5-6）中，y_{it} 表示第 i 个粮农第 t 年的产出，L_{it}^{α} 表示第 i 个粮农第 t 年的劳动投入，K_{it}^{β} 表示第 i 个粮农第 t 年在除劳动之前的其他要素投入，α 和 β 分别表示劳动和其他要素的规模报酬。对式（5-6）进行对数变换可得式（5-7）：

$$\ln Y_{it} = \ln A + \alpha \ln L_{it} + \beta \ln K_{it} \tag{5-7}$$

表 5-8 呈现了采用 C-D 生产函数测算技术效率后的估计结果。从中可以看出，机械自营与传统自营、生产环节外包经营与传统自营两组的农业生产服务方式系数均显著为正，生产环节外包经营与机械自营的系数为正且不显著。在更换因变量的测度方法后，所得到的该结果依然稳健。

表 5-8　稳健性分析：C-D 生产函数

变量	机械自营与传统自营 系数	机械自营与传统自营 标准误	生产环节外包经营与传统自营 系数	生产环节外包经营与传统自营 标准误	生产环节外包经营与机械自营 系数	生产环节外包经营与机械自营 标准误
农业生产服务方式	0.015*	0.008	0.019***	0.007	0.003	0.007
户主年龄	-22.014***	6.543	-4.714	4.816	-5.109	4.762
户主年龄平方	10.786***	3.208	2.306	2.361	2.504	2.334
户主性别	-0.013	0.014	-0.012	0.011	0.008	0.012
户主受教育程度	0.002*	0.001	0.005***	0.001	0.004***	0.001
正式贷款	-0.014	0.019	0.007	0.020	-0.01	0.016
非正式贷款	-0.040***	0.013	-0.035***	0.010	-0.035***	0.010
村庄人口规模	0.018***	0.006	0.013***	0.004	0.024***	0.005

续表

变量	机械自营与传统自营		生产环节外包经营与传统自营		生产环节外包经营与机械自营	
	系数	标准误	系数	标准误	系数	标准误
村集体经济	0.002**	0.001	0.002***	0.001	0.001**	0.001
村人均可支配收入	0.013**	0.006	0.005	0.005	0.015***	0.005
村庄治理水平	0.006	0.008	0.011	0.007	0.002	0.007
村庄流动人力资本	-0.009	0.007	-0.010*	0.006	-0.007	0.006
村庄交通情况	0.001	0.006	-0.005	0.004	-0.002	0.004
常数项	2.536***	0.639	0.932**	0.472	0.809*	0.474
R^2	0.032	0.032	0.032	0.032	0.034	0.034
样本量	2348	2348	3430	3430	3088	3088

注：*、**、***分别表示在10%、5%、1%的水平上显著。

2. 分位数回归

为了进一步检验农业生产服务方式在不同技术效率粮农群体间的差异，本书选择分位数回归对此进行处理。相对于OLS回归或均值回归，分位数回归可以揭示各个不同阶段的影响，所得到的结果也更加稳健。表5-9呈现在4个分位点下，农业生产服务方式对粮农技术效率的影响。

表5-9 稳健性分析：分位数回归

Panel A：机械自营与传统自营				
变量	q25	q50	q75	q90
农业生产服务方式	0.037**	0.014*	0.008*	0.007*
	(0.017)	(0.007)	(0.005)	(0.004)
控制变量	控制	控制	控制	控制
常数项	0.545***	0.704***	0.781***	0.839***
	(0.010)	(0.004)	(0.004)	(0.004)
样本量	2939	2939	2939	2939
Panel B：生产环节外包经营与传统自营				
变量	q25	q50	q75	q90
农业生产服务方式	0.053***	0.009	-0.008*	-0.014***
	(0.011)	(0.006)	(0.005)	(0.005)

续表

Panel B：生产环节外包经营与传统自营

控制变量	控制	控制	控制	控制
常数项	0.545***	0.704***	0.781***	0.839***
	(0.011)	(0.004)	(0.004)	(0.003)
样本量	4694	4694	4694	4694

Panel C：生产环节外包经营与机械自营

变量	q25	q50	q75	q90
农业生产服务方式	0.016	−0.005	−0.017***	−0.021***
	(0.011)	(0.006)	(0.005)	(0.005)
控制变量	控制	控制	控制	控制
常数项	0.582***	0.718***	0.790***	0.846***
	(0.013)	(0.005)	(0.003)	(0.003)
样本量	4201	4201	4201	4201

注：*、**、***分别表示在10%、5%、1%的水平上显著。

首先，从Panel A来看，农业生产服务方式系数均显著为正且系数依次递减，表明在低效率区间，采用机械自营粮农的技术效率相对于传统自营的粮农具有更明显的优势，同时在高效率区间，采用机械自营粮农的技术效率依然高于采用传统自营的粮农，但没有低效率区间明显。

其次，从Panel B来看，农业生产服务方式的系数在25%分位点上显著为正，表明在低效率区间，采用生产环节经营粮农的技术效率对于传统自营而言更有优势。同时，农业生产服务方式的系数在75%和90%分位点上均显著为负，表明在高效率区间，采用生产环节外包经营粮农的技术效率低于传统自营的粮农。从Panel A和Panel B的估计结果来看，无论是低效率区间还是高效率区间，相对于传统自营粮农的技术效率而言，采用机械自营都具有明显的优势。但是，采用生产环节外包经营的优势仅体现在低效率区间。

最后，从Panel C来看，农业生产服务方式的系数在75%和90%分位点上显著为负，表明在高效率区间，采用生产环节外包经营的粮农相对于机械自营粮农的技术效率更低。

3. 双向固定效应模型

除了上述方法，本书还进一步采用双向固定效应回归进行了稳健性分析。双向固定效应模型设定如式（5-8）所示：

$$Y_{it} = \alpha + \beta sersty_{it} + \delta X_{it} + family_i + year_t + \varepsilon_{it} \tag{5-8}$$

在式（5-8）中，$family_i$ 和 $year_t$ 分别表示家庭固定效应和时间固定效应。对于不随时间推移而变化的一些因素，可以采用家庭固定效应加以消除。而时间固定效应则可以用于剔除宏观经济发展以及政策的影响。表5-10呈现了双向固定效应回归的结果。从表中可以看出，在机械自营与传统自营、生产环节外包经营与传统自营两组中，农业生产服务方式的系数均显著为正。在生产环节外包经营与机械自营中，农业生产服务方式的系数为负但不显著。该估计结果与基准回归结果一致，表明采用双向固定效应后，估计结果依然稳健。

表5-10　稳健性分析：双向固定效应

变量	机械自营与传统自营 系数	机械自营与传统自营 标准误	生产环节外包经营与传统自营 系数	生产环节外包经营与传统自营 标准误	生产环节外包经营与机械自营 系数	生产环节外包经营与机械自营 标准误
农业生产服务方式	0.015*	0.008	0.013**	0.007	-0.004	0.007
户主年龄	-18.888***	6.513	-3.968	4.859	-3.814	4.759
户主年龄平方	9.254***	3.193	1.941	2.382	1.871	2.332
户主性别	-0.013	0.014	-0.013	0.011	0.003	0.012
户主受教育程度	0.003**	0.001	0.005***	0.001	0.004***	0.001
正式贷款	-0.003	0.018	0.014	0.020	0.003	0.016
非正式贷款	-0.039***	0.012	-0.038***	0.010	-0.034***	0.010
村庄人口规模	0.018***	0.006	0.015***	0.005	0.024***	0.005
村集体经济	0.002***	0.001	0.003***	0.001	0.002***	0.001
村人均可支配收入	0.011*	0.006	0.005	0.005	0.016***	0.005
村庄治理水平	0.006	0.008	0.007	0.007	-0.001	0.007
村庄流动人力资本	-0.010	0.007	-0.011*	0.006	-0.009	0.006
村庄交通情况	0.000	0.005	-0.006	0.004	-0.002	0.004
常数项	2.254***	0.636	0.868*	0.477	0.684	0.474

续表

变量	机械自营与传统自营		生产环节外包经营与传统自营		生产环节外包经营与机械自营	
	系数	标准误	系数	标准误	系数	标准误
家户固定效应	是	是	是	是	是	是
时间固定效应						
样本量	2348	2348	3430	3430	3088	3088
R^2	0.033	0.033	0.034	0.034	0.037	0.037

注：*、**、***分别表示在10%、5%、1%的水平上显著。

第五节 本章小结

本章在上一章粮农生产效率测度的基础上，进一步使用2015年和2017年中国农村家庭的追踪调查数据（CRHPS）的两轮面板数据，采用OLS、PSM和IV、分位数回归法、双向固定效应等方法，实证分析了农业生产服务方式对粮农生产效率的影响，得到如下结论：

第一，相对于传统自营，机械自营和生产环节外包经营对粮农生产效率具有正向影响，并且通过显著性检验，这意味着粮食机械化生产所带来的农业生产资本—劳动比率上升或资本对劳动的替代是粮农生产效率提升的主要原因。

第二，相对于机械自营，生产环节外包经营对粮农生产效率的影响并不显著。这意味着，在其他条件不变的情况下，无论是使用自有农业机械设备，还是购买机械化服务，这两者之间并不存在显著的生产效率差异。换言之，在户均农业机械资本水平相同的条件下，投资自有机械和购买农业机械服务具有相同的生产效率。

第三，生产环节外包经营虽然可以因劳动分工效应而带来农户生产效率提升，但是生产环节外包经营本质上是一种市场交易，市场交易必然产生市场交易费用，不得不面对"分工经济与交易效率的两难冲突"。

第六章 农业生产服务方式选择与粮农生产效率：异质性考察

第一节 引言

第五章综合利用实证分析方法，从整体层面评价了农业生产服务方式对粮农生产效率的影响，相对于传统自营，机械自营和生产环节外包经营对粮农生产效率具有正向的显著影响。相对于机械自营，生产环节外包经营对粮农生产效率影响并不显著。在上一章的基础上，本章进一步考察对于不同的规模和区域而言，农业生产服务方式对粮农生产效率的影响是否存在差异，这也是本章所需要解决的关键问题。本章将继续采用双向固定效应模型等相关的方法，对农户规模和区域异质性进行考察，从而获得在不同情形下，农业生产服务方式对粮农生产效率影响的差异性。

本章的结构安排如下：

一是描述性统计分析，包括全国各省份粮农耕地规模的分布情况、分区域粮农耕地规模分布情况、不同规模农业生产服务方式的差异、不同区域农业生产服务方式差异，并且对不同规模粮农户主特征变量、家庭特征变量和社区特征变量进行的描述性统计分析。二是异质性考察结果分析。三是进行内生性和稳健性分析。

在数据方面，本章数据与前两章保持一致，使用2015年和2017年CRHPS的两轮面板数据。在模型与方法方面，以双向固定效应模型作为基准回归模型，然后以C-D生产函数进行稳健性分析，以PSM方法进行内生性处理。通过第五章的分析，农业生产性服务方式对粮农技术效率影响的内生性问题有三个来源，分别为自选择、遗漏变量和联立因果问题。而且经过检验，自选择问题和遗漏变量问题是其中相对更为突出的内生性问题。因此，本章的异质性分析部分则着重处理自选择问题和遗漏变量问题，而对应的方法则分别为双向固定效应方法和倾向得分匹配方法。

第二节 描述性统计分析

一、全国粮农耕地规模

耕地被誉为财富之母，是最重要的农业生产资料之一，在粮食产能和效益提升中具有基础性作用。根据联合国粮农组织（FAO）的数据显示，2018年中国耕地面积约为1.36亿公顷，世界耕地面积约为15.68亿公顷，中国的耕地面积占世界的8.7%。世界人均耕地面积为0.205公顷，中国的人均耕地面积为0.09公顷。为了进一步分析在不同规模区间中，农业生产服务方式对粮农生产效率的影响，本章对全国各省份和区域间粮农耕地规模进行了统计分析。

图6-1呈现了全国各省份粮农耕地规模的分布情况。从中可以看出，全国有4个省份粮农的平均耕地规模超过10亩，其中黑龙江粮农耕地平均规模为22.57亩、吉林粮农耕地规模为15.69亩、宁夏粮农耕地规模为14.2亩、

内蒙古粮农耕地规模为11.79亩。相比较而言，其他省份粮农规模均不到10亩，经营规模相对狭小，其中4个省份粮农的平均耕地规模不足2亩。其中，上海仅为1亩，四川为1.48亩，广西为1.56亩，广东为1.69亩。但是，从世界银行规定的2公顷以下为小农户的标准而言，我国各省份粮农的耕地面积普遍不足2公顷，属于普遍意义上的小农户。需要注意的是，这里所统计的耕地面积并没有包括经济作物以及其他杂粮作物，而只包括了种植玉米、小麦、水稻三种主要粮食作物或其中一种或两种农户的耕地面积。

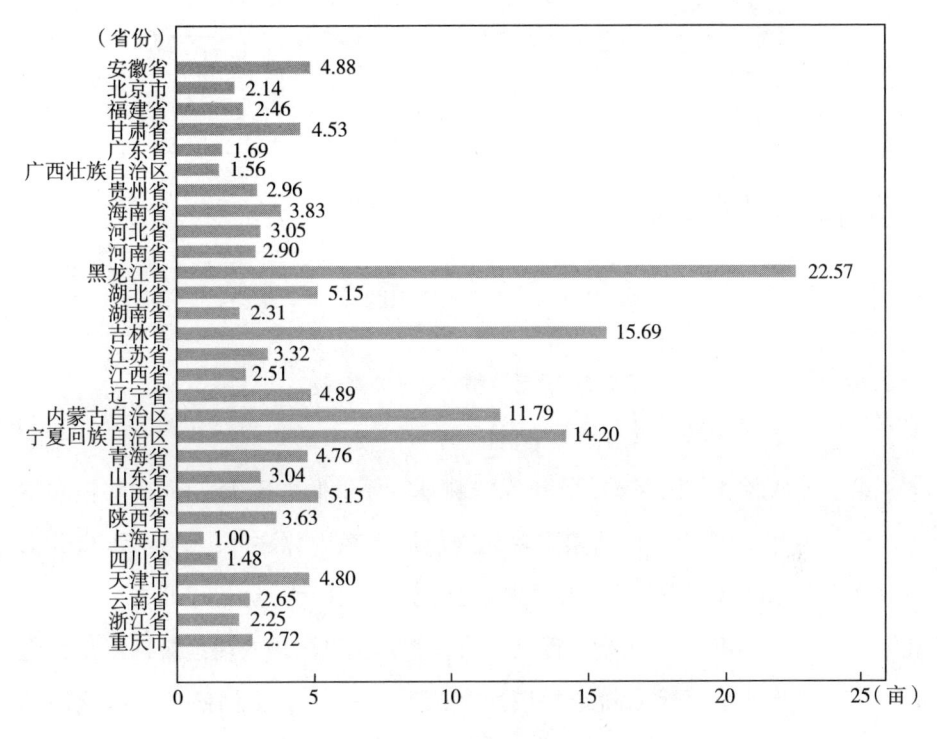

省份	耕地规模（亩）
安徽省	4.88
北京市	2.14
福建省	2.46
甘肃省	4.53
广东省	1.69
广西壮族自治区	1.56
贵州省	2.96
海南省	3.83
河北省	3.05
河南省	2.90
黑龙江省	22.57
湖北省	5.15
湖南省	2.31
吉林省	15.69
江苏省	3.32
江西省	2.51
辽宁省	4.89
内蒙古自治区	11.79
宁夏回族自治区	14.20
青海省	4.76
山东省	3.04
山西省	5.15
陕西省	3.63
上海市	1.00
四川省	1.48
天津市	4.80
云南省	2.65
浙江省	2.25
重庆市	2.72

图6-1　全国各省份粮农耕地规模分布

二、分区域粮农耕地规模

图6-2呈现了分区域粮农耕地规模分布情况。根据第四章的内容，依据社会经济发展条件差异，经济区域可以被划分为东部地区、西部地区和中部地区。以秦岭—淮河为界，可以将粮食生产区划分为南方粮食生产区和北方

粮食生产区。同时，从经济发展水平上，粮食生产区可以被划分为主产区、产销平衡区和主销区，具体划分方式与第四章保持一致。

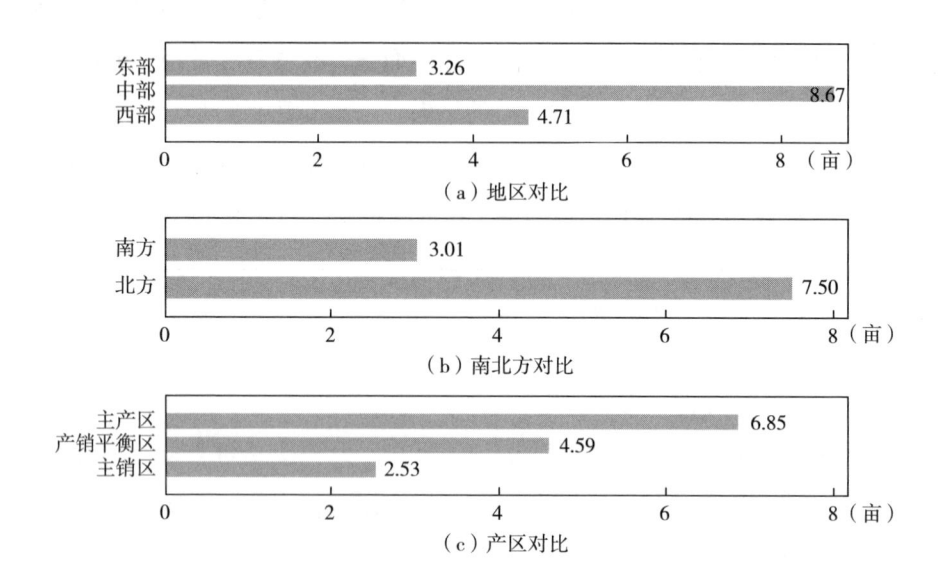

东部 3.26
中部 8.67
西部 4.71
（a）地区对比（亩）

南方 3.01
北方 7.50
（b）南北方对比（亩）

主产区 6.85
产销平衡区 4.59
主销区 2.53
（c）产区对比（亩）

图 6-2 分区域粮农耕地经营规模

第一，从经济分区来看，东部粮农耕地规模最低为 3.26 亩，中部粮农耕地规模最高为 8.67 亩，西部粮农耕地规模居于东中部之间，为 4.71 亩。第二，从南北方区域来看，南方粮农耕地规模为 3.01 亩，远小于北方粮农耕地规模 7.50 亩。第三，从粮食功能区来看，粮食主产区粮农耕地规模最高，为 6.85 亩；产销平衡区粮农耕地规模次之，为 4.59 亩；主销区粮农耕地规模最低，为 2.53 亩。

以上分析说明：一是从国内来看，现阶段粮农经营规模处于"大小规模"并存阶段。大规模经营主要集中在东三省以及内蒙古等地区，这源于这些省份本身所拥有的开阔平坦有利的地形条件以及较低的人地比例。而小规模经营主要集中在上海、广东等城镇化、工业化高度发达的省份，以及西部山区地带。二是从国际来看，我国粮农耕地规模无论是全国层面还是地区层面，均符合世界银行所界定的"小农户"标准，当前以小农户为主体的农业家庭经营仍然是我国农业发展必须长期面临的现实情况。三是区域间粮农经营规模差异明显。中部地区粮农耕地规模高于东部和西部地区，北方粮食生产区高于南方粮食生产区，粮食主产区的粮农耕地规模明显高于粮食产销平衡区和主销区。一方面，反映了粮农经营规模与地区自然等资源禀赋条件有关；另一方面，也反映了粮农经营规模与经济社会资源禀赋条件有关。

三、不同区域农业生产服务方式差异

在了解全国和区域层面粮农耕地规模分布情况后，本书发现当前粮农生产规模有两个显著特征：一是经营规模普遍不高；二是经营规模区域间差异明显。在上述事实的基础上，表6-1呈现了不同区域粮农的农业生产服务方式差异情况。从中可以看出，一是采用生产环节外包经营的农户占比最大。采用传统自营的粮农约占样本总量的24.59%，采用机械自营的粮农约占样本总量的17.32%，采用生产环节外包经营的粮农约占样本总量的42.08%，采用混合经营的粮农约占样本总量的16%。二是粮食主产区样本总量占比最大。粮食主产区样本总量约占样本总量的62.98%，而粮食主销区和产销平衡区样本分别占样本总量的27.80%和9.22%。总之，采用生产环节外包经营的农户数量占比最高，而采用机械自营和混合经营的农户占比最低[①]。

表6-1 不同区域粮农的农业生产服务方式差异情况

农业生产服务方式	主产区	产销平衡区	主销区	样本量	样本比例（%）
传统自营	825	670	275	1770	24.59
机械自营	804	352	91	1247	17.32
生产环节外包经营	2015	776	238	3029	42.08
混合经营	889	203	60	1152	16.00
样本量	4533	2001	664	7198	100.00
样本比例（%）	62.98	27.80	9.22	100.00	

① 在实证分析中，没有包含混合经营样本，并且每一章均保持一致。

四、不同规模农业生产服务方式差异

表6-2进一步呈现了不同的经营规模的农户在农业生产服务方式选择的情况。粮农划分为小规模（4亩以下）、中等规模（4~10亩）、大规模（10亩以上）三种规模。从经营规模来看，4亩以下的小农户约39.62%，4~10亩的农户约占样本总量的31.94%，而10亩以上的农户仅占28.44%，以上样本分布情况与小规模农户在农业经营中占据主体地位现实情况高度吻合。从服务方式来看，传统自营的农户约占24.59%，而且主要以4亩以下的农户为主；机械自营的农户约占17.32%，而且主要以10亩以上的农户为主；生产环节外包经营的农户约占42.08%，占比最高，而且主要以小规模和中等规模农户为主；混合经营的农户约占16.00%，而且以10亩以上的农户为主。总之，在四种农业生产服务方式中，采用生产环节外包经营的农户占比最高，而采用混合经营和机械自营的农户占比相对较低。通过对比不同规模农业生产服务方式差异后发现，小规模经营和生产环节外包经营在样本总量中具有明显的优势。

表6-2 不同规模粮农的农业生产服务方式差异情况

农业生产服务方式	4亩以下	4~10亩	10亩以上	样本量	样本比例（%）
传统自营	1118	458	194	1770	24.59
机械自营	382	355	510	1247	17.32
生产环节外包经营	1147	1181	701	3029	42.08
混合经营	205	305	642	1152	16.00
样本量	2852	2299	2047	7198	100.00
样本比例（%）	39.62	31.94	28.44	100.00	

五、描述性统计分析结果

表6-3呈现了不同规模粮农的描述性统计分析结果。

第六章 农业生产服务方式选择与粮农生产效率：异质性考察

表6-3 不同规模粮农的描述性统计分析

变量	0~4亩 均值	0~4亩 标准差	4~10亩 均值	4~10亩 标准差	10亩以上 均值	10亩以上 标准差
粮食总产出	6.711	0.845	7.902	0.722	9.113	1.105
播种面积	1.151	0.364	2.069	0.226	3.181	0.706
劳动时间	1.547	1.067	1.671	0.945	1.772	0.846
资本投入	7.067	1.004	7.963	0.850	9.028	1.075
户主年龄	4.019	0.222	4.006	0.210	3.970	0.207
户主年龄平方	8.000	0.454	7.976	0.429	7.902	0.423
户主性别	0.877	0.329	0.905	0.293	0.928	0.259
户主受教育年限	7.204	3.354	7.381	3.218	7.696	3.043
农业正式贷款	0.015	0.122	0.028	0.166	0.108	0.311
农业非正式贷款	0.079	0.270	0.102	0.303	0.174	0.380
村庄人口规模	7.138	0.965	7.231	0.873	7.292	0.852
村集体经济	8.197	5.213	6.927	5.524	7.515	5.684
村庄人均可支配收入	8.575	0.766	8.565	0.707	8.636	0.714
村庄治理水平	3.762	0.700	3.795	0.632	3.749	0.615
村庄流动人力资本	0.437	0.565	0.451	0.556	0.317	0.480
村庄交通情况	2.572	0.754	2.650	0.774	2.631	0.795

由表6-3可知，一是从投入产出关系来看，在0~4亩和10亩以上的农地经营规模，粮农的粮食总产出、播种面积、劳动投入时间、资本投入均呈现递增状态，这与规模越大投入产出也越多的现实情况是相吻合的。二是从户主年龄和户主年龄平方变量来看，在0~4亩和10亩以上的农地经营规模，粮农家庭户主年龄均值呈现递减趋势，这表明年轻的粮农家庭更倾向于大规模种植，而年长的粮农家庭则倾向于小规模种植，这与家庭生命周期的规律是相吻合的。例如，按照家庭生命周期规律将家庭类型分为从新婚家庭到空巢家庭等5个阶段，朱培新等（2017）指出随着家庭生命周期阶段的演变，处于后阶段的年长家庭更加偏好转出土地，而处于前一阶段的年轻家庭则偏好转入土地，从而土地经营规模呈现明显差异。三是从户主性别来看，男性

户主家庭更加倾向于大规模种植，而女性户主家庭则倾向于小规模种植，这可能与男性与女性的经营策略不同有关。从户主受教育程度来看，在0~4亩和10亩以上的农地经营规模，户主受教育程度呈现递增趋势，这表明受教育程度越高的粮农家庭越倾向于大规模种植。四是从家庭特征变量来看，在0~4亩和10亩以上的农地经营规模，农业正式贷款的均值系数呈现先上升后下降的"倒U形"趋势，表明农地经营规模与农业正式贷款之间具有非线性关系。农业非正式贷款的系数呈现递增趋势，表明粮农家庭越容易获得非正式贷款，土地经营规模也越大。

从村庄特征变量来看，村庄人口规模、村集体经济水平、村庄人均可支配收入水平的系数均呈现递增趋势，表明实体规模和经济规模越大的村庄，粮农越倾向于大规模种植。村庄治理水平、村庄流动人力资本水平、村庄交通情况的系数呈现先增后降的"倒U形"关系，表明以上三个变量与农地经营规模具有非线性关系。

第三节 异质性考察结果分析

一、基于不同规模视角

表6-4初步呈现了不同规模下农业生产服务方式效率比较的结果。首先，对于传统自营与机械自营而言，在4亩以下和10亩以上，机械自营的技术效率均值均大于传统自营。对于传统自营与生产环节外包经营而言，在4亩以下和10亩以上，生产环节外包经营的技术效率均值均大于传统自营。对于机械自营与生产环节外包经营而言，在4亩以下时，生产环节外包经营的技术效率均值明显大于机械自营；在4~10亩和10亩以上，机械自营的技术效率均值均大于生产环节外包经营。以上分析说明，在不控制其他变量并且

不考虑内生性的前提下，采用传统自营和生产环节外包经营粮农的技术效率均高于传统自营，而对于小规模土地经营而言，采用生产环节外包经营的粮农更加具有技术效率优势。

表 6-4　不同规模下农业生产服务方式效率差异

Panel A：技术效率差异——机械自营与传统自营

农业生产服务方式	4亩以下		4~10亩		10亩以上	
	均值	标准差	均值	标准差	均值	标准差
传统自营	0.653	0.186	0.634	0.207	0.568	0.272
机械自营	0.660	0.172	0.667	0.176	0.649	0.222

Panel B：技术效率差异——环节外包与传统自营

农业生产服务方式	4亩以下		4~10亩		10亩以上	
	均值	标准差	均值	标准差	均值	标准差
传统自营	0.653	0.186	0.634	0.207	0.568	0.272
生产环节外包经营	0.669	0.163	0.657	0.180	0.640	0.196

Panel C：技术效率差异——环节外包与机械自营

农业生产服务方式	4亩以下		4~10亩		10亩以上	
	均值	标准差	均值	标准差	均值	标准差
机械自营	0.660	0.172	0.667	0.176	0.649	0.222
生产环节外包经营	0.669	0.163	0.657	0.180	0.640	0.196

表 6-5 呈现了不同土地经营规模，采用机械自营和传统自营粮农的技术效率差异。从中可以看出，在 4 亩以下时，农业生产服务方式的系数为正但不显著，表明相对于传统自营，机械自营对粮农技术效率存在正向促进作用但并不显著。在 4~10 亩和 10 亩以上，农业生产服务方式的系数分别在 5% 和 1% 的水平上显著，表明相对于传统自营，机械自营对粮农技术效率存在显著的正向促进作用，这与第三章理论分析所表明的农业机械作为一种不可分要素而拥有大规模偏向的特征具有内在一致性。

表 6-5　机械自营与传统自营：不同规模

变量	4亩以下 系数	标准误	4~10亩 系数	标准误	10亩以上 系数	标准误
农业生产服务方式	0.002	0.012	0.035**	0.015	0.073***	0.022
户主年龄	−20.625**	8.223	−8.929	13.165	−39.244***	15.083
户主年龄平方	10.098**	4.033	4.377	6.457	19.223**	7.391
户主性别	−0.013	0.017	−0.004	0.025	−0.019	0.037
户主受教育年限	0.004**	0.002	0.003	0.003	0.002	0.003
农业正式贷款	0.019	0.041	−0.034	0.032	0.025	0.029
农业非正式贷款	−0.038**	0.018	−0.060***	0.023	−0.022	0.025
村庄人口规模	0.000	0.007	0.015	0.011	0.079***	0.015
村集体经济	0.002**	0.001	0.000	0.001	0.001	0.002
村庄人均可支配收入	0.010	0.007	0.009	0.011	0.015	0.015
村庄治理水平	0.012	0.010	0.010	0.014	−0.024	0.021
村庄流动人力资本	−0.019**	0.009	0.009	0.013	0.009	0.022
村庄交通情况	−0.003	0.007	0.002	0.010	0.017	0.012
常数项	2.603***	0.797	1.262	1.268	3.815**	1.506
家户固定效应	控制	控制	控制	控制	控制	控制
时间固定效应	控制	控制	控制	控制	控制	控制
样本量	1122	1122	656	656	570	570
R^2	0.034	0.034	0.034	0.034	0.121	0.121

注：*、**、***分别表示在10%、5%、1%的水平上显著。

在控制变量方面，当农户经营规模在4亩以下和10亩以上时，户主年龄的系数为负，并且通过了显著性检验，这意味着年龄对粮农技术效率存在显著负向影响。同时，户主年龄平方的系数显著为正，并且通过了显著性检验，这意味着年龄与粮农技术效率存在"U形"关系。在4亩以下，户主受教育程度的系数在5%的水平上显著为正，表明户主受教育程度对粮农技术效率存在正向影响。在4亩以下和4~10亩，农业非正式贷款的系数为负，并且分别在5%和1%的统计水平上显著，表明农业非正式贷款对粮农技术效率存

第六章 农业生产服务方式选择与粮农生产效率：异质性考察

在显著负向影响。在10亩以上时，村庄人口规模的系数为正，并且通过了1%的显著性检验，表明村庄人口规模对粮农技术效率存在显著正向影响。在4亩以下时，村集体经济的系数显著为正，并且通过了5%的显著性检验，表明对粮农技术效率存在正向影响。村庄流动人力资本系数为负，并且在5%的水平上显著，表明村庄流动人力资本对粮农技术效率存在负向影响。

表6-6呈现了不同土地经营规模，采用生产环节外包经营和机械自营粮农的技术效率差异。从中可以看出，在4亩以下，农业生产服务方式的系数为正且不显著，表明相对于机械自营，生产环节外包经营对于粮农技术效率存在正向影响，但是这一影响在统计意义上不明显。在4~10亩和10亩以上，农业生产服务方式的系数为负且不显著，表明相对于机械自营，生产环节外包经营对于粮农技术效率存在负向影响且不显著。以上分析结果共同表明，无论是在小规模区间还是中等或较大规模区间内，采用生产环节外包经营与机械自营的技术效率均不存在显著差异，这与第三章理论分析所指出的生产环节外包经营虽然具有劳动分工效率，但也具有较高的交易成本具有内在一致性。同时也表明，经营规模越大，机械自营相对于生产环节外包经营越具有明显的技术效率优势。

表6-6 生产环节外包经营与机械自营：不同规模

变量	4亩以下 系数	4亩以下 标准误	4~10亩 系数	4~10亩 标准误	10亩以上 系数	10亩以上 标准误
农业生产服务方式	0.006	0.012	-0.016	0.012	-0.012	0.012
户主年龄	-1.756	7.647	1.033	7.255	-21.190**	7.255
户主年龄平方	0.869	3.749	-0.515	3.555	10.388**	3.555
户主性别	-0.017	0.017	0.007	0.018	0.049*	0.018
户主受教育年限	0.004**	0.002	0.006***	0.002	0.003	0.002
农业正式贷款	0.048	0.038	-0.039	0.032	0.021	0.032
农业非正式贷款	-0.038*	0.020	-0.001	0.017	-0.051***	0.017
村庄人口规模	0.008	0.007	0.017**	0.008	0.066***	0.008

续表

变量	4亩以下		4~10亩		10亩以上	
	系数	标准误	系数	标准误	系数	标准误
村集体经济	0.001	0.001	0.001	0.001	0.002*	0.001
村庄人均可支配收入	0.010	0.007	0.023***	0.008	0.019**	0.008
村庄治理水平	-0.003	0.010	0.012	0.011	-0.031*	0.011
村庄流动人力资本	-0.005	0.010	-0.002	0.010	-0.014	0.010
村庄交通情况	-0.005	0.007	-0.001	0.007	0.003	0.007
常数项	0.634	0.753	0.247	0.727	2.087**	0.727
家户固定效应	控制	控制	控制	控制	控制	控制
时间固定效应	控制	控制	控制	控制	控制	控制
样本量	1029	1029	1115	1115	944	944
R^2	0.017	0.017	0.054	0.054	0.093	0.093

注：*、**、***分别表示在10%、5%、1%的水平上显著。

表6-7呈现了不同土地经营规模，采用生产环节外包经营和传统自营粮农的技术效率差异。从中可以看出，在4亩以下，农业生产服务方式的系数为正且不显著，表明相对于传统自营，生产环节外包经营对于小规模土地经营粮农的技术效率具有正向促进作用，但没有通过显著性检验。在4~10亩和10亩以上，农业生产服务方式的系数均在5%的水平上显著为正，表明相对于传统自营，生产环节外包经营对较大土地经营规模粮农技术效率存在显著促进作用。以上分析结果表明，土地经营规模越大，相对于传统自营，生产环节外包经营的技术效率优势体现得越明显。同时，表明农业机械作为一种不可分要素而拥有大规模偏向的特征具有内在一致性。此外，与表6-4的分析结果对比可以看出，相对于传统自营，无论是自家购买还是租赁农业机械，均需要在符合一定土地经营规模要求时，才能对粮农生产效率产生正向促进作用。

表 6-7 环节外包与传统自营：不同规模

变量	4亩以下 系数	标准误	4~10亩 系数	标准误	10亩以上 系数	标准误
农业生产服务方式	0.011	0.009	0.025**	0.012	0.041**	0.019
户主年龄	−14.391**	6.873	5.260	7.526	−11.941	14.301
户主年龄平方	7.070**	3.370	−2.585	3.689	5.796	7.011
户主性别	−0.020	0.014	−0.006	0.018	0.020	0.031
户主受教育年限	0.004***	0.001	0.004**	0.002	0.008***	0.003
农业正式贷款	0.046	0.039	0.008	0.034	0.008	0.034
农业非正式贷款	−0.020	0.016	−0.046***	0.017	−0.049**	0.023
村庄人口规模	0.004	0.006	0.014*	0.008	0.052***	0.014
村集体经济	0.002**	0.001	0.002*	0.001	0.003**	0.002
村庄人均可支配收入	0.005	0.006	0.008	0.008	0.002	0.012
村庄治理水平	0.009	0.009	0.011	0.011	0.002	0.021
村庄流动人力资本	−0.011	0.008	−0.005	0.010	−0.025	0.017
村庄交通情况	−0.001	0.006	−0.007	0.007	−0.013	0.010
常数项	1.797***	0.669	−0.026	0.746	1.743	1.408
家户固定效应	控制	控制	控制	控制	控制	控制
时间固定效应	控制	控制	控制	控制	控制	控制
样本量	1575	1575	1187	1187	668	668
R^2	0.023	0.023	0.043	0.043	0.122	0.122

注：*、**、***分别表示在10%、5%、1%的水平上显著。

二、基于不同区域视角

为了进一步反映在不同区域情形下，农业生产服务方式对粮农生产效率的影响，下文从南方粮食生产区和北方粮食生产区，以及粮食主产区和非粮食主产区两个维度进行了进一步探究。从这一部分开始，没有考虑经济区域差异，即东中西部的差异，原因在于经济区域的划分不能完全体现区域间粮食作物种植品种差异以及地理自然属性差异。表6-8呈现了南方和北方粮食生产区，采用机械自营和传统自营的技术效率差异。从中可以看出，农业生产服务方式的系数在南方和北方粮食生产区均在1%的水平上显著为正。以上结果表明,无论是在南方生产区还是北方生产区,相对于传统自营,机械经营对粮农技术效率均存在显著正向影响。

表6-8 机械自营与传统自营:南方和北方

变量	南方		北方	
农业生产服务方式	0.011***	0.012	0.008***	0.012
户主年龄	-11.695	8.550	-26.707***	9.836
户主年龄平方	5.721	4.192	13.101***	4.822
户主性别	-0.027	0.018	0.002	0.021
户主受教育年限	0.002	0.002	0.004*	0.002
农业正式贷款	-0.06	0.038	0.009	0.022
农业非正式贷款	-0.028	0.018	-0.054***	0.017
村庄人口规模	-0.008	0.008	0.043***	0.008
村集体经济	0.001	0.001	0.004***	0.001
村庄人均可支配收入	0.017**	0.008	-0.006	0.009
村庄治理水平	0.024**	0.011	-0.002	0.012
村庄流动人力资本	-0.004	0.009	-0.004	0.013
村庄交通情况	-0.003	0.008	0	0.008
常数项	1.698**	0.830	2.884***	0.965
家户固定效应	控制	控制	控制	控制
时间固定效应	控制	控制	控制	控制
样本量	1129	1129	1219	1219
R^2	0.03	0.03	0.064	0.064

注:*、**、***分别表示在10%、5%、1%的水平上显著。

表6-9呈现了南方和北方粮食生产区,采用环节外包经营和机械自营的技术效率差异。从中可以看出,农业生产服务方式的系数在南方粮食生产区的系数在10%的水平上显著为正,但在北方粮食生产区并不显著。以上结果表明,在南方粮食生产区,相对于机械自营,采用生产环节外包经营对粮农技术效率的影响并不显著。

第六章 农业生产服务方式选择与粮农生产效率：异质性考察

表6-9 生产环节外包经营与机械自营：南方和北方

变量	南方		北方	
农业生产服务方式	0.019*	0.012	−0.01	0.009
户主年龄	1.29	8.025	−6.309	5.901
户主年龄平方	−0.636	3.934	3.098	2.891
户主性别	−0.021	0.019	0.016	0.014
户主受教育年限	0.005***	0.002	0.004***	0.001
农业正式贷款	−0.059	0.036	0.01	0.018
农业非正式贷款	−0.016	0.020	−0.043***	0.012
村庄人口规模	−0.003	0.008	0.034***	0.006
村集体经济	−0.002	0.001	0.003***	0.001
村庄人均可支配收入	0.020***	0.008	0.013**	0.006
村庄治理水平	0.009	0.010	−0.002	0.010
村庄流动人力资本	0.015	0.010	−0.016*	0.008
村庄交通情况	−0.007	0.008	−0.001	0.005
常数项	0.386	0.789	0.852	0.592
家户固定效应	控制	控制	控制	控制
时间固定效应	控制	控制	控制	控制
样本量	987	987	2101	2101
R^2	0.031	0.031	0.057	0.057

注：*、**、***分别表示在10%、5%、1%的水平上显著。

表6-10呈现了南方和北方粮食生产区，采用环节外包经营和传统自营的技术效率差异。从中可以看出，农业生产服务方式的系数在南方和北方粮食生产区均在1%的水平上显著为正。以上结果表明，无论是在南方生产区还是在北方生产区，相对于传统自营，环节外包经营对粮农技术效率均存在显著正向影响。通过表6-8的结论可知，正如第三章理论分析所表明，机械自营和生产环节外包经营均体现为机械对劳动的替代，而机械资本—劳动的深化具有显著的技术进步效应，从而可以提高生产效率。上述结论也表明机械对劳动的替代在不同的区域均具有显著的效应。

表 6-10　环节外包与传统自营：南方和北方

变量	南方		北方	
农业生产服务方式	0.027***	0.010	0.001***	0.009
户主年龄	-9.521	7.690	0.592	6.272
户主年龄平方	4.664	3.771	-0.295	3.074
户主性别	-0.023	0.017	-0.004	0.014
户主受教育年限	0.005***	0.002	0.005***	0.001
农业正式贷款	-0.033	0.040	0.027	0.023
农业非正式贷款	-0.026	0.017	-0.044***	0.013
村庄人口规模	-0.009	0.007	0.029***	0.006
村集体经济	-0.001	0.001	0.004***	0.001
村庄人均可支配收入	0.013*	0.007	-0.002	0.006
村庄治理水平	0.013	0.009	0.006	0.010
村庄流动人力资本	-0.002	0.009	-0.012	0.008
村庄交通情况	-0.001	0.007	-0.009*	0.005
常数项	1.492**	0.747	0.403	0.621
家户固定效应	控制	控制	控制	控制
时间固定效应	控制	控制	控制	控制
样本量	1330	1330	2100	2100
R^2	0.026	0.026	0.059	0.059

注：*、**、***分别表示在10%、5%、1%的水平上显著。

粮食主产区和非粮食主产区在地理自然条件、政策条件等方面均存在着显著的不同，这也是本书对此进行异质性考察的根本依据。表6-11呈现了不同粮食功能区采用机械自营和传统自营的技术效率差异。从中可以看出，在粮食主产区，农业生产服务方式的系数在10%的水平上显著为正。在粮食产销平衡区，农业生产服务方式的系数在10%为正。在粮食主销区，农业生产服务方式的系数为负但不显著。以上结果表明，在粮食主产区和产销平衡区，相对于传统自营，机械自营对粮农技术效率存在显著促进作用。但是，在粮食主销区，相对于传统自营，机械自营对粮农技术效率的影响并不显著。

表6-11 机械自营与传统自营：粮食功能区

变量	主产区		产销平衡区		主销区	
农业生产服务方式	0.019*	0.011	0.012*	0.015	-0.045	0.030
户主年龄	-23.793**	9.747	-17.250*	9.444	-5.489	23.607
户主年龄平方	11.643**	4.779	8.472*	4.630	2.690	11.585
户主性别	-0.033*	0.019	-0.006	0.023	0.052	0.045
户主受教育年限	0.002	0.002	0.005**	0.002	0.002	0.004
农业正式贷款	0.012	0.023	-0.062*	0.032	0.100	0.083
农业非正式贷款	-0.060***	0.016	-0.029	0.023	0.046	0.048
村庄人口规模	0.061***	0.010	0.003	0.008	-0.042**	0.019
村集体经济	0.001	0.001	0.002*	0.001	0.006*	0.003
村庄人均可支配收入	-0.002	0.008	-0.007	0.011	0.022	0.017
村庄治理水平	-0.027**	0.012	0.033***	0.012	0.046	0.037
村庄流动人力资本	0	0.012	0	0.011	-0.006	0.022
村庄交通情况	-0.006	0.007	0	0.010	0.006	0.019
常数项	2.827***	0.946	2.040**	0.936	0.991	2.206
家户固定效应	控制	控制	控制	控制	控制	控制
时间固定效应	控制	控制	控制	控制	控制	控制
样本量	1267	1267	815	815	266	266
R²	0.059	0.059	0.046	0.046	0.092	0.092

注：*、**、***分别表示在10%、5%、1%的水平上显著。

表6-12呈现了不同粮食功能区采用环节外包经营和传统自营的技术效率差异。从中可以看出，农业生产服务方式的系数在粮食主产区和产销平衡区系数均为负，但不显著，在主销区系数为正同样不显著。以上结果表明，无论是在粮食主产区还是在其他粮食功能区，相对于机械自营，生产环节外包经营对粮农技术效率的影响并不显著。这也表明，机械自营和生产环节外包经营两种方式之间不存在显著的生产效率差异。

表6-12 环节外包与机械自营：粮食功能区

变量	主产区		产销平衡区		主销区	
农业生产服务方式	-0.009	0.009	-0.001	0.014	0.043	0.029
户主年龄	-0.621	5.704	-9.082	9.022	-9.128	21.205

续表

变量	主产区		产销平衡区		主销区	
户主年龄平方	0.286	2.796	4.484	4.421	4.488	10.395
户主性别	-0.005	0.014	0.031	0.022	-0.051	0.049
户主受教育年限	0.006***	0.001	0.002	0.002	0.007	0.005
农业正式贷款	0.005	0.019	-0.006	0.030	0.138*	0.083
农业非正式贷款	-0.032***	0.012	-0.048**	0.020	-0.002	0.052
村庄人口规模	0.044***	0.008	-0.004	0.008	0.013	0.016
村集体经济	0	0.001	0.004***	0.001	0.001	0.003
村庄人均可支配收入	0.009	0.006	0.017	0.011	0.040***	0.015
村庄治理水平	-0.011	0.009	0.016	0.013	-0.005	0.021
村庄流动人力资本	0.004	0.008	0.009	0.013	-0.018	0.024
村庄交通情况	-0.001	0.005	-0.009	0.009	-0.048**	0.022
常数项	0.5	0.568	1.034	0.904	1.093	2.083
家户固定效应	控制	控制	控制	控制	控制	控制
时间固定效应	控制	控制	控制	控制	控制	控制
样本量	2016	2016	864	864	208	208
R^2	0.045	0.045	0.05	0.05	0.11	0.11

注：*、**、***分别表示在10%、5%、1%的水平上显著。

表6-13呈现了不同粮食功能区采用环节外包经营和传统自营的技术效率差异。从中可以看出，在粮食主产区，农业生产服务方式的系数在10%的水平上显著为正。在粮食产销平衡区，农业生产服务方式的系数在10%的水平显著均为正。在粮食主销区，农业生产服务方式的系数为正且不显著。以上结果表明，在粮食主产区和产销平衡区，相对于传统自营，生产环节外包经营对粮农技术效率存在显著促进作用。但是，在粮食主销区，相对于传统自营，生产环节外包经营对粮农技术效率的影响并不显著。

表6-13 生产环节外包经营与传统自营：粮食功能区

变量	主产区		产销平衡区		主销区	
农业生产服务方式	0.016*	0.009	0.004*	0.012	0.008	0.022
户主年龄	-1.952	5.928	-9.109	9.215	-8.456	18.729

续表

变量	主产区		产销平衡区		主销区	
户主年龄平方	0.928	2.906	4.498	4.519	4.165	9.187
户主性别	−0.028**	0.014	−0.002	0.018	0.007	0.036
户主受教育年限	0.006***	0.001	0.004**	0.002	0.003	0.004
农业正式贷款	0.060**	0.027	−0.04	0.031	0.023	0.089
农业非正式贷款	−0.049***	0.013	−0.038**	0.018	0.035	0.042
村庄人口规模	0.034***	0.008	0.004	0.007	−0.009	0.013
村集体经济	0.002**	0.001	0.004***	0.001	0.003	0.003
村庄人均可支配收入	−0.007	0.006	0.001	0.009	0.024*	0.014
村庄治理水平	−0.004	0.010	0.020*	0.011	0.003	0.021
村庄流动人力资本	0.006	0.009	−0.009	0.010	−0.003	0.019
村庄交通情况	−0.010**	0.005	−0.006	0.009	−0.006	0.017
常数项	0.914	0.586	1.107	0.898	1.121	1.800
家户固定效应	控制	控制	控制	控制	控制	控制
时间固定效应	控制	控制	控制	控制	控制	控制
样本量	1983	1983	1095	1095	352	352
R^2	0.048	0.048	0.043	0.043	0.043	0.043

注：*、**、***分别表示在10%、5%、1%的水平上显著。

第四节 内生性处理与稳健性分析

一、内生性处理

表6-14呈现了内生性处理的结果，从 Panel A 可以看出，在4亩以下时，农业生产服务方式的系数为正但不显著；在4~10亩时，农业生产服务方式的系数为正并且通过了5%的显著性检验；在10亩以上时，农业生产服务方式的系数为正且通过了1%的显著性检验。从 Panel B 中可以看出，在4

亩以下时，农业生产服务方式的系数为正但不显著；在4~10亩时，农业生产服务方式的系数为正且通过了10%的显著性检验；在10亩以上时，农业生产服务方式的系数分别在10%和1%的水平上显著为正。

从Panel C中可以看出，在4亩以下时，农业生产服务方式的系数均为正，但不显著；在4~10亩时，农业生产服务方式的系数为负且不显著；在10亩以上时，农业生产服务方式的系数为正且同样不显著。以上结果表明，在处理自选择问题后，所得结果依然稳健。

表6-14 内生性处理：PSM

Panel A：机械自营与传统自营			
变量	4亩以下	4~10亩	10亩以上
农业生产服务方式	0.006	0.037**	0.091***
	(0.012)	(0.037)	(0.024)
控制变量	控制	控制	控制
样本量	1450	795	693
Panel B：生产环节外包经营与传统自营			
变量	4亩以下	4~10亩	10亩以上
	0.013	0.024*	0.068***
	(0.008)	(0.014)	(0.024)
控制变量	控制	控制	控制
样本量	2204	1609	879
Panel C：生产环节外包经营与机械自营			
变量	4亩以下	4~10亩	10亩以上
	0.001	−0.014	0.002
	(0.012)	(0.011)	(0.014)
控制变量	控制	控制	控制
样本量	1494	1508	1196

注：*、**、***分别表示在10%、5%、1%的水平上显著。

二、稳健性分析

稳健性分析与内生性处理与第五章采用的方法保持一致，稳健性分析分别采用更换变量法（采用 C-D 生产函数重新测算技术效率），内生性处理采用 PSM 估计。为了验证第三章理论分析的稳健性，以下着重对不同土地经营规模，农业生产服务方式对粮农技术效率影响进行了文件性分析。

表 6-15 呈现了稳健性分析的结果，从 Panel A 中可以看出，在 4 亩以下时，农业生产服务方式的系数为正且不显著；在 4~10 亩时，农业生产服务方式的系数为正且通过 5% 的显著性检验；在 10 亩以上，农业生产服务方式的系数为正且通过 1% 的显著性检验，该结果与基准回归结果保持一致。从 Panel B 中可以看出，在 4 亩以下时，农业生产服务方式的系数为负但不显著；在 4~10 亩和 10 亩以上，农业生产服务方式的系数均在 5% 的水平上显著为正，该结果与基准回归结果保持一致。从 Panel C 中可以看出，无论是在 4 亩以下还是其他规模，农业生产服务方式的系数均不显著，该结果与基准回归结果保持一致。

表 6-15 稳健性分析：C-D 生产函数测效率

Panel A：机械自营与传统自营			
变量	4 亩以下	4~10 亩	10 亩以上
农业生产服务方式	0.002	0.036**	0.059***
	(0.0125)	(0.015)	(0.023)
控制变量	控制	控制	控制
样本量	1122	656	570
R^2	0.034	0.038	0.112
Panel B：生产环节外包经营与传统自营			
控制变量	4 亩以下	4~10 亩	10 亩以上
农业生产服务方式	0.013	0.036**	0.043**
	(0.0135)	(0.015)	(0.019)
控制变量	控制	控制	控制
样本量	1575	656	668
R^2	0.023	0.038	0.117

续表

Panel C：生产环节外包经营与机械自营

变量	4亩以下	4~10亩	10亩以上
农业生产服务方式	0.008 (0.012)	−0.018 (0.012)	0.005 (0.014)
控制变量	控制	控制	控制
样本量	1029	1115	944
R^2	0.02	0.056	0.092

注：*、**、***分别表示在10%、5%、1%的水平上显著。

第五节 本章小结

本章在上一章粮农生产效率测度的基础上，进一步使用2015年和2017年中国农村家庭的追踪调查数据（CRHPS）的两轮面板数据，采用双向固定效应倾向得分匹配（PSM）法，实证分析了在不同规模和不同区域情形下，农业生产服务方式对粮农生产效率的影响，得到如下结论：

第一，在中等及以上规模，相对于传统自营，机械自营和生产环节外包经营均对粮农生产效率存在显著正向影响。这意味着粮食机械化生产所带来的农业生产资本—劳动比率上升或资本对劳动的替代效应均具有一定的规模偏向，且偏向较大规模。

第二，在不同规模间和不同区域间，相对于机械自营，生产环节外包经营对粮农生产效率不存在显著影响。这意味着，无论是使用自有农业机械设备，还是购买机械化服务，这两者之间并不存在显著的生产效率差异。换言之，在户均农业机械资本水平相同的条件下，投资自有机械和购买农业机械服务具有相同的生产效率。而且，不会随着经营规模和经营条件的变化发生显著差异。

第七章 农业生产服务方式选择与粮农生产效率：政策评估

第一节 引言

第六章的研究表明在农业生产服务方式当中，机械自营和生产环节外包经营的技术效率均显著优于传统自营，但是机械自营和生产环节外包经营之间却难分高下。本章我们主要回答文章开篇所提出的问题：未来农业生产服务政策应该同时偏重农机社会化服务补贴（大型农机补贴）和自购农机补贴（中小型农机补贴），还是偏重其中一方？如果自购农机的技术效率优于生产环节外包经营，政策理应偏向补贴农户自购农机。相反地，如果生产环节外包经营的技术效率优于自购农机，政策应当偏向农业社会化服务组织（包括提供服务的个体）。但是，在农业补贴资金有限的前提下，两种不同的补贴方向实际上是存在资源竞争关系的，而且由于机械自营和生产环节外包经营之间的技术效率并不存在显著差异，因而不能简单地认为支持其中一方或另一方。为了回应这一问题，本章以农业生产性服务政策中的农业生产全程社会化服务政策试点作为一项准自然实验，将其视为影响粮农技术效率的一次外生冲击时间，以考察农业生产性服务政策对粮农技术效率的影响。

在农业现代化实现路径方面，以农地流转为核心的"土地规模经营"道路在过去一直被视为核心的农业支持政策。早在1984年，中央一号文件就提出"土地流转"政策。而且，在2014年，中央明确提出"引导土地经营权有序流转"①。尽管经过几十年的努力，但是在城市化政策不彻底性、农民土地情感偏好等内部和外部因素的共同作用下，土地小规模分散化经营的格局并没有得到改善（罗必良，2017；徐灏龙和陆铭，2021）。在此背景下，以专业分工和社会化服务购买为核心的"服务规模经营"成为农业支持政策转移的重心。2019年，中央提出"面向小农户的社会化服务体系"②。2020年，针对小农户衔接难题，中央一号文件提出"发展多种形式适度规模经营"。至此，在政策层面，基本完成了适度规模经营农业支持政策的调整，并形成了"土地规模经营"和"服务规模经营"并行的路径，并且将"服务规模经营"作为现阶段的重点支持路径。

农业生产性服务作为"服务规模经营"的内核，其政策的出发点和落脚点在于促进农户增产增效。但是，在农业生产性服务能否提升农业生产效率上，学界仍然存在广泛争议。一种观点认为"服务规模经营"可以在短期或长期内成为适度规模经营的政策着力点。例如，罗必良（2017）指出，以农机服务为核心的农业生产性服务可以打破农户家庭内部的自然分工，将农户卷入社会化分工，从而内生出服务规模经济，提升农业生产效率。同时提出从"土地规模经营"转向"服务规模经营"的重要举措。在此基础上，杨子等（2019）进一步实证表明，农业生产性服务对于农业生产效率具有明显的提升作用。同时，卢华等（2020）对江苏省农户以及张永强和田媛（2021）对黑龙江省的实证考察均证实农业生产性服务对农业生产效率具有显著促进功能。

与上述研究不同的是，另一种观点则对此持怀疑甚至反对态度，认为

---

① 参见《关于引导农村土地经营权有序流转发展农业适度规模经营的意见》。
② 参见《关于促进小农户和现代农业发展有机衔接的意见》。

"服务规模经营"在影响农业生产效率这一问题上存在以下弊端。例如,蔡昉和王美艳(2016)指出,虽然农户可以不必自购农机而是转而购买农机服务,但是过高的交易费用将会对农业生产效率形成制约:一是户均土地规模小和地块分散限制农机服务的使用和服务效率;二是农户种植多样化的特点,会导致相邻地块的农户间产生高昂的谈判成本,带来较高的农机服务的交易费用,从而造成生产效率损失。董欢和郭晓鸣(2014)也指出,农业生产性服务的介入必须以农业内部的生产条件完善和外部的城乡要素平等流动、社会保障制度并轨为前提。否则,农业生产性服务的介入只是在劳动力成本上升的背景下,机械资本对劳动的简单替代。而且,这一替代可能对农户分散小规模经营形成变相支持,甚至加剧粗放经营的程度。此外,武舜臣等(2020)基于 CLDS 混合截面数据实证发现,农机生产性服务对粮食生产效率存在显著的负向影响。

造成上述结论不一致的原因可能是:

第一,在理论方面,农业生产性服务纵然可以通过农户间的劳动分工和专业化效应提升农业生产效率,但是农业生产性服务本质上是一种市场交易,市场交易必然产生市场交易费用,从而不得不面对"分工经济与交易效率的两难冲突"。这也意味着,农业劳动分工未必一定带来效率的提升,当交易费用所带来的效率损失大于或等于劳动分工所带来的效率增进时,劳动分工将对生产效率不产生影响或者负面影响。

第二,在事实方面,早在 1983 年,中央一号文件便提出发展社会化服务以满足农业生产者的迫切需求,实践中农业生产服务市场也不断发展壮大(姜长云,2016)。同时,农业生产效率却未呈现出连续增长势头。据统计,1991~2015 年粮食生产有 5 年的时间发生"减产减收"现象(魏后凯,2017)。初步可见,农业生产性服务市场的扩大与粮食生产效率之间并没有呈现稳定的相关关系。

第三,在数据方面,现有研究主要采用地方性的截面数据,而缺少全国层面的面板数据,估计结果可能存在较为严重的遗漏变量问题和估计偏误,从而得到的结论也存在明显的异质性。

第四，在视角方面，少有研究考察外包服务市场和土地流转市场互动对农业生产效率的影响。如果忽视生产性服务市场发展与土地流转市场的竞争性，可能同样对农业生产服务的增效功能形成误判。

基于上述讨论，本章拟从生产性服务市场发育与土地流转市场的竞争和"补贴地租化"视角入手，基于中国农村追踪调查（CRHPS）2015年和2017年两轮农户微观数据，以"农业生产全程社会化服务试点"政策作为一次准自然实验，采用双重差分法（DID）来识别农业生产服务支持政策可能对粮食生产效率带来的影响。

第二节 实证研究设计

一、数据与变量说明

被解释变量。被解释变量为技术效率。测算方法与前文保持一致，依据种植小麦、玉米、水稻三种主要粮食作物粮农的投入产出关系，选择总产量作为产出指标，农业劳动时间、农业资本投入、播种面积分别作为投入指标，在此基础上，采用Trans-Log生产函数对技术效率进行测算。

核心解释变量。核心解释变量为农业生产性服务政策试点产生的政策效应。

本章的控制变量与前文有所不同，由于村庄层面数据与农业生产性服务政策高度相关而存在共线性问题，进而未纳入回归模型。因此，控制变量包括户主、家庭两个层面。

二、双重差分模型构建

大多数研究在研究农业生产性服务对粮农生产效率的影响时，多少直接比较改革前后生产效率的变化,或者基于面板数据固定效应模型,但是上述方法均无法准确识别农业生产性服务改革的净效应,也无法说明农业生产性服务政策与粮农生产效率的因果关系。为此,本章采用DID模型,将农业生产性服务政策涉及的17个省份作为试验组,而全国其他省份视为对照组。

为了提高农业全程机械化程度和农业生产效率,2016年财政部颁发试点通知①,提出采用政府支持服务购买的方式,推动农业向全程生产服务转变。首批试点选取了东三省、华北平原、重庆、广西等17个省份开展整省试点工作,而其他省份则没有该试点。根据政策实施的异质性,可以将全国省份划分为受到农业生产全程社会化服务政策影响的实验组和不受到政策影响的对照组,从而评价农业生产全程社会化服务对粮农技术效率的影响。

为此,本章采用DID模型,13个未涉及农业生产性服务政策的省份作为对照组,17个省份涉及农业生产性服务政策的省份作为试验组。因此,不可观测的不随时间推移而变化的因素,以及随时间变化的因素都将通过差分的方式被消除。据此,DID模型设定如式(7-1)所示:

$$y_{it} = \alpha + \beta treat_i \times time_t + \gamma treat_i + \eta time_t + \lambda X_{it} + \varepsilon_{it} \tag{7-1}$$

在式(7-1)中,y_{it}为粮农技术效率,$treat_i$和$time_t$都是虚拟变量,$treat_i=1$表示受到农业生产性服务政策影响的地区(实验组),$treat_i=0$表示不受农业生产性服务政策影响的地区(对照组)。$treat_i$为政策虚拟变量,$treat_i=0$表示在政策实施前,年份为2015年;$treat_i=1$表示在政策实施后,年份为2017年。交互项$treat_i \times time$的系数β表示的是农业生产性服务政策对粮农技术效率影响的净效应。X_{it}为户主层面、家庭层面控制变量,ε_{it}为误差项。为了进一步控制不可观测的不随个体而变化和不随时间推移而变化的遗漏变量,同时引入"双向固定效应"进行稳健性分析。

同质性和随机性是使用DID模型必须满足的两个基本要求。在同质性要求方面,对照组和实验组除了受到农业生产性服务政策的冲击,其他方面不

---

① 参见《关于做好2016年农业生产全程社会化服务试点工作的通知》。

存在显著差异。这要求实验组和对照组应满足同方差要求并且因变量在政策实施前具有相同的变动趋势。在随机性要求方面，需要甄别农业生产性服务政策的选择过程是否随机过程。从政策要求来看，农业生产性服务政策试点省份的选择是由中央政府经过慎重考虑作出的选择，地方政府并没有参与决策，具有较强的外生性。

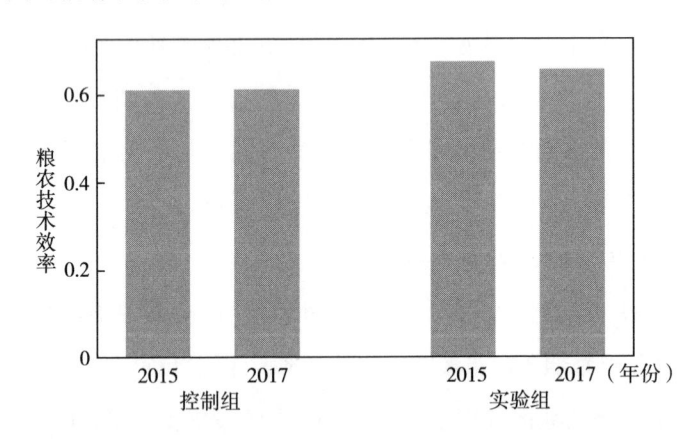

图7-1初步呈现了农业生产性服务政策与粮农技术效率的关系。从对照组来看，在农业生产性服务政策实施前后，对照组的粮农技术效率并未发生明显变化。但是，从实验组来看，农业生产性服务政策实施后，粮农技术效率明显低于政策实施前。以上结果初步说明，农业生产性服务政策与粮农技术效率之间可能存在负相关关系。

图7-1 农业生产性服务政策与粮农技术效率

三、描述性统计分析

表7-1分组呈现了描述性统计结果，可以初步看出，在对照组和实验组中，户主的年龄分别为3.996和4.003，户主年龄平方分别为7.954和7.968，户主受教育程度分别为7.423和7.391，农业正式贷款分别为0.044和0.047，农业非正式贷款分别为0.109和0.116，上述两组变量间不存在显著差异。以上结果说明，对照组和实验组除了在农业生产性服务政策方面存在显著差异外，在其他控制变量方面并不存在显著差异，因而为因果关系识

别提供了较好的支撑。

表 7-1 描述性统计分析结果

变量	对照组 均值	对照组 标准差	对照组 样本量	实验组 均值	实验组 标准差	实验组 样本量
户主年龄	3.996	0.216	2004	4.003	0.214	5194
户主年龄平方	7.954	0.441	2004	7.968	0.438	5194
户主性别	0.888	0.316	2004	0.905	0.293	5194
户主受教育程度	7.423	3.385	2004	7.391	3.169	5191
农业正式贷款	0.044	0.204	1995	0.047	0.211	5185
农业非正式贷款	0.109	0.312	1997	0.116	0.320	5185

第三节 政策评估结果分析

一、基准回归结果

表 7-2 报告了在 OLS 和固定效应方法下，农业生产性服务政策对粮农技术效率的回归结果。

表 7-2 基准回归结果

变量	OLS 系数	OLS 标准误	双向固定效应 系数	双向固定效应 标准误
政策实施×时间变量	-0.018*	0.010	-0.018*	0.010
时间变量	0.002	0.009		
政策实施	0.063***	0.007		
户主年龄	-2.554	3.291	-2.682	3.319
户主年龄平方	1.251	1.613	1.313	1.627
户主性别	0.001	0.008	0.001	0.008

续表

变量	OLS		双向固定效应	
	系数	标准误	系数	标准误
户主受教育程度	0.003***	0.001	0.003***	0.001
农业正式贷款	0.011	0.011	0.014	0.011
农业非正式贷款	−0.031***	0.007	−0.031***	0.007
常数项	0.844***	0.326	0.863***	0.330
家户固定效应	控制	控制	控制	控制
时期固定效应	控制	控制	控制	控制
样本量	7028	7028	7028	7028
R^2	0.023	0.023	0.023	0.023

注：*、**、***分别表示在10%、5%、1%的水平上显著。

从表7-2可以看出，无论是采用OLS方法还是双向固定效应方法，政策实施和时间变量的交互项系数均在10%的水平上显著为负，表明农业生产性服务政策对粮农技术效率存在负向影响。同时，从系数可以看出，相对于未实施农业生产性服务政策的省份，实施农业生产性服务政策省份的粮农技术效率下降约1.8%。以上结果表明，农业生产性服务政策的实施可能会对粮农技术效率造成损失，同时验证了第三章的假说3-6。多数已有研究认为，农业生产性服务政策具有"节本增效"的作用，可以提供更加专业和高效的服务，从而带动农户增收和增效。然而，董欢和郭晓鸣（2014）认为农业生产性服务政策并不能把传统农业改造成高效率的产业部门。从农业内部来看，农业从低效率转向高效率需要基础设施条件和组织化程度、规模化程度的不断提升，从农业外部来看，需要城乡社会保障制度的不断完善以及金融支持等政策的大力支持，而农业生产性服务政策并没有引入现代生产要素，而只是要素使用方式的变化。

二、安慰剂检验

双重差分模型的使用要求具有共同趋势假设，共同趋势假设检验一般使用历史数据进行检验。因为样本数据的期间为2015年和2017年，从而无法使用历史数据来说明实验组和对照组具有共同的时间变化趋势。因此，本书使用安慰剂检验进行说明。安慰剂检验的核心思想是利用政策实施前后影响程度相同的组（实验组或对照组），随机地构造"伪实验组"和"伪对照组"，并利用DID进行估计。如果"伪实验组"和"伪对照组"的交互项系数不显著，则说明受到政策实施前后影响程度相同的组具有相同的时间趋势，从而证明使用DID是合理的。根据以上原理，使用分位数将对照组的经营规模划分为4组，前50%为"伪实验组"，后50%为"伪对照组"，然后分别使用相同的方法进行估计，估计结果如表7-3所示。从中可以看出，在OLS和双向固定效应方法中，政策实施和时间变量的交互项系数分别为0.023和0.025且均不显著。以上结果说明，不同组的时间趋势非常接近，从而证明使用双重差分的合理性。

表7-3 安慰剂检验

变量	OLS 系数	OLS 标准误	双向固定效应 系数	双向固定效应 标准误
政策实施×时间变量	0.023	0.018	0.025	0.017
时间变量	−0.01	0.013		
政策实施	0.038***	0.013		
户主年龄	−4.747	6.076	−4.657	6.136
户主年龄平方	2.345	2.977	2.300	3.007
户主性别	0.008	0.014	0.009	0.014
户主受教育程度	0.004***	0.001	0.004***	0.001
农业正式贷款	−0.004	0.022	−0.004	0.022
农业非正式贷款	−0.041***	0.014	−0.039***	0.014
常数项	0.870	0.603	0.874	0.611
家户固定效应	控制	控制	控制	控制
时期固定效应	控制	控制	控制	控制
样本量	1950	1950	1950	1950
R^2	0.029	0.029	0.029	0.029

注：*、**、***分别表示在10%、5%、1%的水平上显著。

三、稳健性分析

稳健性分析主要采用更换因变量的方式进行。表7-4报告了农业生产性服务政策对粮农技术效率影响的稳健性分析结果。从中可以看出，在OLS和双向固定效应方法中，政策实施变量和时间变量的交互项系数分别在10%和5%的水平上显著为负，表明农业生产性服务政策对粮农技术效率存在负向影响。同时，表明基准回归结果具有较好的稳健性。

表7-4 稳健性分析：更换Y变量

变量	OLS 系数	OLS 标准误	双向固定效应 系数	双向固定效应 标准误
政策实施×时间变量	-0.019*	0.010	-0.020**	0.010
时间变量	0.002	0.009		
政策实施	0.061***	0.007		
户主年龄	-4.147	3.322	-4.303	3.351
户主年龄平方	2.033	1.628	2.109	1.642
户主性别	0.004	0.008	0.004	0.008
户主受教育程度	0.003***	0.001	0.003***	0.001
农业正式贷款	-0.005	0.011	-0.001	0.011
农业非正式贷款	-0.032***	0.007	-0.033***	0.007
常数项	0.984***	0.329	1.007***	0.333
家户固定效应	控制	控制	控制	控制
时期固定效应	控制	控制	控制	控制
样本量	7028	7028	7028	7028
R^2	0.021	0.021	0.021	0.021

注：*、**、***分别表示在10%、5%、1%的水平上显著。

第四节 异质性考察

一、不同规模视角

基准回归结果表明，农业生产性服务政策对粮农技术效率存在显著负向影响。但是，农业生产性服务政策对不同规模和不同区域粮农技术效率的影响如何？异质性分析部分分别选择不同规模、粮食功能区差异和南北方差异进行实证分析。以上区间的划分与本书第四章保持一致，估计方法均使用更为稳健的双向固定效应 DID。

表 7-5 呈现了不同规模视角下，农业生产性服务政策对粮农技术效应影响的回归结果。从中可以看出，在 4 亩以下，政策实施和时间变量的交互项系数为负但不显著；在 4~10 亩和 10 亩以上，政策实施和时间变量的交互项系数分别在 5% 的水平上显著为负。以上结果说明，农业生产性服务政策会对中等和大规模粮农的技术效率带来显著的负向影响。

表 7-5 异质性考察：不同规模视角

变量	4亩以下 系数	4亩以下 标准误	4~10亩 系数	4~10亩 标准误	10亩以上 系数	10亩以上 标准误
政策实施×时间变量	−0.031	0.014	−0.012**	0.016	−0.002**	0.024
户主年龄	−6.747	4.805	2.761	5.593	−11.216	7.182
户主年龄平方	3.315	2.355	−1.355	2.741	5.475	3.518
户主性别	0.01	0.010	−0.009	0.014	0.011	0.019
户主受教育程度	0.003***	0.001	0.003**	0.001	0.004**	0.002
农业正式贷款	0.041	0.027	0.023	0.024	0.018	0.016
农业非正式贷款	−0.027**	0.012	−0.035***	0.013	−0.025*	0.013
常数项	1.184**	0.471	0.350	0.556	1.795**	0.727
家户固定效应	控制	控制	控制	控制	控制	控制
时期固定效应	控制	控制	控制	控制	控制	控制
样本量	2765	2765	2250	2250	2013	2013
R^2	0.0195	0.0195	0.0345	0.0345	0.0386	0.0386

注：*、**、*** 分别表示在 10%、5%、1% 的水平上显著。

二、不同区域视角

表 7-6 分为粮食主产区和非主产区，进一步考察了农业生产性服务政策对粮农技术效率的影响。从中可以看出，在粮食主产区，政策实施变量和时间变量的交互项系数在 1% 的水平上显著为负；在非粮食主产区，政策实施变量和时间变量的交互项系数为负但不显著。以上结果说明，农业生产性服

务政策对粮农技术效率的负向影响主要体现在粮食主产区。

表 7-6 异质性考察：粮食功能区视角

变量	粮食主产区 系数	粮食主产区 标准误	非粮食主产区 系数	非粮食主产区 标准误
政策实施×时间变量	-0.016***	0.005	-0.014	0.017
户主年龄	-1.718	4.240	-5.153	5.351
户主年龄平方	0.827	2.078	2.547	2.623
户主性别	-0.005	0.010	0.013	0.012
户主受教育程度	0.003***	0.001	0.003***	0.001
农业正式贷款	0.019	0.013	0.001	0.020
农业非正式贷款	-0.031***	0.009	-0.033***	0.013
常数项	0.612	0.006	0.916*	0.529
家户固定效应	控制	控制	控制	控制
时期固定效应	控制	控制	控制	控制
样本量	4440	4440	2588	2588
R^2	0.010	0.010	0.024	0.024

注：*、**、***分别表示在10%、5%、1%的水平上显著。

表 7-7 进一步考察了农业生产性服务政策对南方和北方粮食生产区粮农技术效率的影响。从中可以看出，在南方粮食生产区，政策实施变量的系数为负但不显著；在北方粮食生产区，政策实施变量和时间变量交互项的系数在10%的水平上显著为负。以上结果表明，农业生产性服务政策对粮农技术效率的负向影响主要体现在北方粮食生产区。

表 7-7 异质性考察：南北方差异视角

变量	南方 系数	南方 标准误	北方 系数	北方 标准误
政策实施×时间变量	-0.020	0.017	-0.019*	0.012
户主年龄	-4.961	5.004	-0.433	4.428
户主年龄平方	2.424	2.453	0.215	2.170
户主性别	-0.004	0.012	0.006	0.010

续表

变量	南方		北方	
	系数	标准误	系数	标准误
户主受教育程度	0.004***	0.001	0.003**	0.001
农业正式贷款	−0.002	0.027	0.016	0.013
农业非正式贷款	−0.030**	0.012	−0.032***	0.009
常数项	1.136**	0.492	0.604	0.442
家户固定效应	控制	控制	控制	控制
时期固定效应	控制	控制	控制	控制
样本量	2594	2594	4434	4434
R^2	0.0182	0.0182	0.0268	0.0268

注：*、**、***分别表示在10%、5%、1%的水平上显著。

第五节 机制分析

实证分析结果表明，农业生产性服务政策对粮农技术效率存在负向影响，而这一负向效应主要体现在粮食主产区、北方粮食生产区，以及相对中等和大规模的粮农家庭上。为了对上述结果进行进一步说明，本书选择政策补贴地租化视角，从农地服务市场和农地流转市场发育互动着眼，考察农业生产性服务政策的影响效应。第一，在不同规模视角下，考察农业生产性服务政策对土地转入的影响。第二，在不同规模视角下，考察农业生产性服务政策对土地转出的影响。第三，在粮食生产区域视角下，考察农业生产性服务政策对土地租金的影响。

一、政策对土地转入的影响

表7-8呈现了农业生产性服务政策对不同规模农户土地转入的影响。从

中可以看出，在4亩以下，政策与时间变量的交乘系数为正，但并不显著。在4~10亩下，政策与时间变量的交乘系数为正，但同样不显著。如果将10亩以下的农户视为中小规模农户，这意味着农业生产性服务政策对其土地转入行为存在着不显著的影响。在10亩以上，政策与时间的交乘系数为正，并且通过1%的显著性检验。如果将10亩以上的农户视为大规模农户，这意味着农业生产性服务政策对大规模农户的土地转入行为具有正向影响。以上结果共同说明，农业生产性服务政策对相对大规模的粮农土地转入具有正向促进作用，但是对中小规模农户的土地转入行为影响则较弱。

表7-8 农业生产性服务政策对不同规模粮农土地转入的影响

变量	土地转入（4亩以下） 系数	标准误	土地转入（4~10亩） 系数	标准误	土地转入（10亩以上） 系数	标准误
政策实施×时间变量	0.001	0.017	0.011	0.020	0.078**	0.032
户主年龄	9.319	8.255	−23.574**	9.795	−25.474*	14.189
户主年龄平方	−4.583	4.046	11.559**	4.801	12.375*	6.950
户主性别	0.019	0.018	0.014	0.024	−0.024	0.037
户主受教育程度	−0.002	0.002	0.000	0.002	0.004	0.003
农业正式贷款	0.028	0.047	0.074*	0.041	0.096***	0.031
农业非正式贷款	0.047**	0.021	0.021	0.023	0.077***	0.025
常数项	−0.644	0.015	2.393**	0.970	3.608**	1.434
家户固定效应	控制	控制	控制	控制	控制	控制
时期固定效应	控制	控制	控制	控制	控制	控制
样本量	2838	2838	2289	2289	2037	2037
R^2	0.0189	0.0189	0.0152	0.0152	0.0419	0.0419

注：*、**、***分别表示在10%、5%、1%的水平上显著。

二、政策对土地转出的影响

表7-9呈现了农业生产性服务政策对不同规模农户土地转出的影响。从中可以看出，在4亩以下和4~10亩，政策实施变量和时间变量的交互项系

数分别为正和负，但均没有通过显著性检验；在 10 亩以上，政策实施变量和时间变量的交互项系数在 10%的水平上显著为负。以上结果说明，农业生产性服务政策不会促进小规模的粮农土地转出，但会抑制大规模粮农土地转出。

表 7-9 农业生产性服务政策对不同规模农户土地转出的影响

变量	土地转出（4 亩以下） 系数	标准误	土地转出（4~10 亩） 系数	标准误	土地转出（10 亩以上） 系数	标准误
政策实施×时间变量	0.029	0.020	−0.008	0.017	−0.029*	0.016
户主年龄	3.905	9.556	15.083*	7.970	2.495	7.445
户主年龄平方	−1.872	4.685	−7.332*	3.906	−1.202	3.647
户主性别	−0.018	0.020	−0.028	0.019	0.000	0.019
户主受教育程度	0.005**	0.002	0.005***	0.002	−0.003	0.002
农业正式贷款	−0.077	0.053	0.026	0.034	0.039**	0.016
农业非正式贷款	−0.046*	0.024	−0.023	0.018	−0.007	0.013
常数项	−0.627	0.934	−1.909**	0.792	−0.356	0.755
家户固定效应	控制	控制	控制	控制	控制	控制
时期固定效应	控制	控制	控制	控制	控制	控制
样本量	2570	2570	2152	2152	1944	1944
R^2	0.0146	0.0146	0.0197	0.0197	0.0125	0.0125

注：*、**、***分别表示在 10%、5%、1%的水平上显著。

三、政策对土地租金的影响

表 7-10 呈现了农业生产性服务政策对土地流转租金的影响。需要说明的是，土地流转租金根据问卷"村庄平均一亩地一年的租金是多少"进行设置。从中可以看出，在全国层面，政策实施和时间变量的交互项系数在 5%的水平上显著为正，表明农业生产性服务政策对土地流转租金存在正向促进作用。分区域来看，在粮食主产区中，政策实施和时间变量的交互项系数在 1%的水平上显著为正。在非粮食主产区中，政策实施和时间变量的交互项系数均在 1%的水平上显著为正，表明农业生产性服务政策对土地流转租金同样存在显著促进作用。

表 7-10 农业生产性服务政策对土地流转租金的影响

变量	土地租金（总体）系数	标准误	土地租金（粮食主产区）系数	标准误	土地租金（非粮食主产区）系数	标准误
政策实施×时间变量	0.112**	0.044	0.154***	0.032	0.300***	0.079
户主年龄	-2.998	24.115	25.674	31.984	-38.626	35.610
户主年龄平方	1.560	11.821	-12.497	15.680	19.012	17.453
户主性别	-0.078	0.054	-0.105	0.068	-0.073	0.089
户主受教育程度	0.015***	0.005	-0.001	0.007	0.041***	0.009
农业正式贷款	-0.145**	0.066	-0.143*	0.075	-0.230*	0.130
农业非正式贷款	-0.133***	0.045	-0.091*	0.052	-0.282***	0.085
常数项	5.541**	2.363	2.998	3.119	8.724**	3.526
家户固定效应	控制	控制	控制	控制	控制	控制
时期固定效应	控制	控制	控制	控制	控制	控制
样本量	3187	3187	2062	2062	1125	1125
R^2	0.015	0.015	0.0114	0.0114	0.0504	0.0504

注：*、**、***分别表示在10%、5%、1%的水平上显著。

第六节 本章小结

本章在上一章粮农生产效率测度的基础上，进一步使用 2015 年和 2017 年中国农村家庭的追踪调查数据（CRHPS）的两轮面板数据，以 2016 年农业生产全程社会化服务全程试点为准自然实验，采用双重差分（DID）法，实证分析了农业生产性服务政策对粮农生产效率的影响，得到如下结论：

第一，相比于没有农业生产性服务政策试点的对照组省份，实施农业生产性服务政策对试验组粮农生产效率存在显著负向影响。在采用安慰剂检验后，上述结论依然成立。

第二，农业生产性服务政策对中等以及相对大规模的粮农生产效率存在显著负向影响。

第三，农业生产性服务政策对粮食主产区的粮农生产效率存在显著负向影响。

第四，从农地服务市场和农地流转市场发育互动着眼，农业生产性服务政策对农地流转市场发育可能存在扭曲作用，主要表现为在农地供给不变的条件下，农业生产性服务政策会促进规模经营户转入土地，从而刺激农地需求增加，进而推动土地流转租金上涨。进一步而言，土地流转租金的提高将使粮食种植成本不断上升，从而造成整体粮农生产效率下降。这也可以解释为，农业生产性服务政策对以租金为手段的规模经营户粮农的生产效率的负向影响。

第八章　研究结论与政策启示

第一节　研究结论

依靠家庭劳动力和自购农机实现自我服务的家庭内部经营，以及雇用劳动力和租赁农机实现社会化服务的生产环节外包经营是当前我国两种主要的农业生产服务方式，也是农业适度规模经营实现的两种主要形式。从微观层面来看，在农地流转市场"失灵"的情况下，以农户家庭内部经营为基础，通过农地流转集中和自购农机经营的"农地规模经营论"受到严峻挑战。而以农户家庭生产环节外包经营为基础，借由农业生产性服务实现农业规模经济的"服务规模经营论"日益受到理论和政策的关注。但是土地规模经营和服务规模经营究竟哪一种方式可以成为实现"规模经济"的方式，关键在于生产效率的比较。

土地规模经营的核心在于"家庭劳动力+土地流转+自购农机"以实现土地经营规模的扩大和利润最大化，而"土地服务规模经营"的核心在于"雇用劳动力+机械服务"。从中可以看出，"土地规模经营"和"服务规模经营"最大的不同在于农户家庭采用的是"自购农机"还是"农机服务"（本书称为"生产环节外包")。因此，机械自营和生产环节外包经营的效率差异则是"土地规模经营"和"服务规模经营"效率比较的关键。从农户层面来看，相对于自购农机的农户，如果采用生产环节外包农户的效率更高，那么在维持土地经营格局不变的条件下，通过农业生产性服务实现服务规模经济可以成为未来的发展方向。相反地，相对于自购农机的农户，如果采用生产环节外包经营农户的效率更低，那么通过土地流转自营的方式实现土地规模经济可以成为未来的发展方向。

基于上述讨论，在现有研究的基础上，依据农业生产服务方式的不同，本书将粮食种植农户分为传统自营（无机械）、机械自营和生产环节外包经营（购买机械服务）三种类型，利用2015年和2017年中国农村家庭的追踪调查（CRHPS）的两轮面板数据实证分析了农业生产服务方式对粮农生产效率的影响。研究发现：

第一，在总体农户层面。其一，相对于传统自营，机械自营和生产环节外包经营对粮农生产效率存在显著正向影响。这意味着粮食机械化生产所带来的农业生产资本—劳动比率上升或资本对劳动的替代是粮农生产效率提升的主要原因。其二，相对于机械自营，生产环节外包经营对粮农生产效率不存在显著影响。这意味着，在其他条件不变的情况下，无论是使用自有农业机械设备，还是购买机械化服务，这两者之间并不存在显著的生产效率差异。换言之，在户均农业机械资本水平相同的条件下，投资自有机械和购买农业机械服务具有相同的生产效率。总之，生产环节外包经营虽然可以因劳动分工效应而带来农户生产效率提升，但是生产环节外包经营本质上是一种市场交易，市场交易必然产生市场交易费用。不得不面对"分工经济与交易效率的两难冲突"。

第二，在不同规模农户层面。其一，在中等及以上规模，相对于传统自营，机械自营和生产环节外包经营均对粮农生产效率存在显著正向影响。这意味着粮食机械化生产所带来的农业生产资本—劳动比率上升或资本对劳动的替代效应均具有一定的规模偏向，且偏向较大规模。其二，在不同规模间和不同区域间，相对于机械自营，生产环节外包经营对粮农生产效率不存在显著影响。这意味着，无论是使用自有农业机械设备，还是购买机械化服务，这两者之间并不存在显著的生产效率差异。换言之，在户均农业机械资本水平相同的条件下，投资自有机械和购买农业机械服务具有相同的生产效率。而且，不会随着经营规模和经营条件的变化发生显著差异。

第三，在农业生产政策层面。其一，相比于没有农业生产性服务政策试点的对照组省份，实施农业生产性服务政策对实验组粮农生产效率存在显著负向影响。在采用安慰剂检验后，上述结论依然成立。其二，农业生产性服务政策对中等以及相对大规模的粮农生产效率存在显著负向影响。其三，农业生产性服务政策对粮食主产区的粮农生产效率存在显著负向影响。其四，从农地服务市场和农地流转市场发育互动着眼，农业生产性服务政策对农地流转市场发育可能存在扭曲作用，主要表现为农业生产性服务政策会促进规模经营户流入土地，从而改变土地流转市场的供求关系，推动土地流转租金上涨。进一步而言，土地流转租金上涨将会提升农业生产成本，从而造成整体粮农生产效率下降。这也可以解释为，农业生产性服务政策对以租金为手段的规模经营户粮农的生产效率的负向影响。

第二节 政策启示

一、减少农业服务政策干预，建立以市场化为导向的农业内生发展路径

根据本书实证部分的分析，相对于传统自营，机械自营和生产环节外包经营均对农业生产效率具有显著的作用。这也意味着，当前"土地规模经营"和"服务规模经营"两种基本格局，对中国农业现代化的实现起到重要的支撑作用。但是，这并不意味着应该通过农业生产性服务支持政策的方式偏倚"服务规模经营"的发展。一方面，如同采用农业支持政策促进土地流转一样，在农业劳动力不能彻底脱离农业生产的情形下，即使给予再多的政策支持都有可能适得其反，也难以缓解农地流转困境。同样地，农业生产性服务支持政策并不能从根本上解决当前农业所面临的发展困境。另一方面，农业生产性服务支持政策的干预会对当前的农地流转市场产生扭曲作用，推动土地流转租金上涨和农业生产成本上升。因此，应减少农业服务市场干预，逐渐建立以市场化为导向的农业内生发展路径。农业内生发展意味着应基于当地自然、人文、经济等要素资源，着力增强农业产业及其经营主体的稳定性和可持续性。第一，着力增强农民工市民化的制度供给。农业经营规模化困境的根源在于不完全的城市化导致的劳动力不完全转移。因此，必须在教育、医疗等重点公共服务领域增强制度供给能力，使农民工"流得出"也"留得下"，只有这样才能从根源上解决农地流转困境。第二，不断提升农业经营主体的自生能力。在组织层面，农民合作社和家庭农场等既是国家认定的经营组织，也是农业内生发展的组织根基。只有从金融信贷支持、财政税收优惠等扶持模式创新方面入手，才能逐步培养其发展的自生能力和可持续能力。第三，持续改善农业发展的生产经营条件。农田水利、乡村道路、网络建设等基础设施，是降低农业经营主体生产成本的必要前提，只有不断完善和持续改善农业发展的基本条件，才能为农业内生发展提供必要的保障。

二、尊重土地市场自发秩序，从公共服务视角探索农户承包地退出机制

无论是"土地规模经营"还是"服务规模经营"，其产生的前提都是农村劳动力转移。在劳动力完全转移的条件下，"土地规模经营"将得到较快的发展，农户得以完全脱离农业生产，融入城市生活并且退出承包地。但是在劳动力不完全转移的条件下，"服务规模经营"将得到同时发展。在城乡经济发展和社会服务二元结构作用下，一方面，家庭务工劳动力虽然已经进入城市，但无法完全融入城市生活并享有应有的公共服务。另一方面，家庭留守劳动力多为妇幼和老弱群体，需要获取外部帮助以维持家庭农业生产，

而农业生产性服务则在此情形下得到加快的发展。从以上分析可以看出，虽然两种规模化经营方式具有相同的效能，但两者产生的背景却完全不同。更确切地说，"服务规模经营"是"土地规模经营"发育不彻底的产物，是对劳动力市场不完全发育的自主调节。因此，当从根源上解决劳动力转移不彻底的局面时，两种模式将会在土地和劳动力市场的自主调节下有序发展。因此，当前的首要任务是从公共服务视角，探索农户承包地的退出机制，在此基础上，土地市场的发育将会形成自发秩序，一是促进城乡公共服务的机会均等，提高农民居民收入在初次分配中的占比；二是促进城乡公共服务的过程和结果均等，加大对农业劳动力的职业培训，提高其平等获取就业市场福利的权利；三是建立公共服务与承包地退出补偿挂钩机制。通过制度性的就业、养老等保障降低农地依赖，加快农户承包地的退出。

三、持续推进经营规模化，推动农业家庭经营走向家庭农场经营模式

长期以来，农业家庭经营方式不仅被视为是封闭的"小农经济"，更被认为是与落后的技术水平相适应的发展方式。这种理论认知产生了两个方面的影响：一方面，将农业家庭经营方式与高效率关系相割裂，理所当然地认为，农业家庭经营不利于现代化的生产技术和机械技术的应用，而且是负面影响农业生产效率的首要因素。另一方面，将农业家庭经营方式与生产力水平相对立，错误地认为，生产力水平提升之后，家庭经营方式将不再适应。实践证明，农业家庭经营效率的改造并不需要将家庭经营引向工厂化的生产方式（雇工农场和集体农场）。不过，虽然农业家庭经营在效率方面不存在效率短板，但是对于中国而言，分散的农业家庭经营在市场端的劣势是显而易见的。因此，必须走规模化、联合式、专业化发展的道路，才能在农业产业链竞争中保持优势地位。

"经营规模化"主要依靠农业家庭经营向家庭农场经营演变的方式，防止农户家庭因规模狭小、商品化和专业化水平低等而落入"有效率但贫穷"陷阱。一般而言，为了更好地与农户家庭进行区分，家庭农场应至少需要满

足以下几条典型特征：一是在注册前具有一定的经营规模；二是按照企业组织流程在工商部门登记注册；三是家庭农场生产的农产品必须完全具有商品性质（朱启臻等，2014）。据此，农业家庭经营只有逐步走向生产适度规模化，管理企业化，经营商品化、专业化的道路，才能在保持自身功能优势的前提下，更好地弥补自身固有的功能不足。

从经济发展规律来看，农业家庭经营具有在现有基础上不断突破并最终走向家庭农场经营的可能性。一是居民消费结构的持续优化，对农产品商品化程度和质量标准产生更迫切的需求，客观上为推动家庭经营走向家庭农场经营创造了需求环境；二是农村劳动力持续转移，为经营规模扩大提供了空间与机遇。有研究表明，在21世纪30年代前后，农业的劳均耕作面积至少为10亩，而此时家庭农场的平均规模至少有400亩（谢玲红，2021；苏昕等，2014）。正如黄宗智（2014）所指出的，当前蓬勃发展的家庭农场对支撑中国农业发展具有十分重要的意义。从政策支持来看，2013年中央一号文件提出发展多种形式的适度规模经营，并且首次提及家庭农场概念，其后国家和各级政府已接连出台系列支持政策。在有关政策支持下，我国家庭农场已经得到长足发展。据统计显示，截至2018年底，我国家庭农场数量已达60万家[①]。虽然如此，但是当前我国家庭农场依然面临发展速度缓慢、模式单一、数量偏少等发展不足（钱忠好和李友艺，2020）。解决以上问题，一方面，要通过金融支持、税收优惠、设施用地支持等政策帮助家庭农场解决"自生能力"不足问题；另一方面，要尊重人地关系演进规律，率先在城镇化率高的地区推进家庭农场的发展，再逐步向全国推进，最终实现农业家庭经营向家庭农场经营的过渡。

四、全面实施服务多元化，加快农业家庭经营走向合作创新模式

"服务多元化"主要依靠农户家庭（包括家庭农场在内）与农民合作社

---

① 资料来源于《新型农业经营主体和服务主体高质量发展规划（2020—2022年）》。

之间开展多种形式服务合作的方式，实现"稳产增收"，包括两者之间的"产前和产后"服务合作以及"产中"服务合作。一是加强农户家庭与农民合作社的"产中"服务合作。Valentinov（2007）指出，"农民合作社应该是家庭农场交易成本的合理延续"，既然农户家庭或家庭农场在农业直接生产环节具有优势，那么与农民合作社的"产前和产后"服务合作，理应是弥补自身功能不足的关键。但是，我国的城市化进程尚未结束，"产中"服务合作尚具有一定的现实必要性，尤其对于老龄化和非农化趋势严重地区的农业"稳产"具有重要意义。这些服务合作包括既有的农业共营模式（罗必良，2015）、土地托管模式（刘守英，2017；姜长云，2020；冀名峰和李琳，2020）、联耕联种模式（毛飞和孔祥智，2012）及按户连片模式（高啸等，2019）等。同时，在坚持农业基本经营制度的基础上，根据地区要素禀赋和经济发展程度，新阶段应因地制宜地开展多元化的"产中"服务合作方式。二是拓展农户家庭与农民合作社的"产前和产后"服务合作。相比于"产中"服务合作，对于实现农民增收目标而言，"产前和产后"服务合作具有更重要的现实意义。但目前我国的农业社会化服务却主要集中在大田作物的产中环节，产前和产后环节还较为薄弱（魏后凯，2020；叶敬忠等，2021）。因此，新阶段应更加注重农户家庭或家庭农场与农民合作社间多元化、全方位、市场化的社会化服务，尤其应注重对于"产前和产后"服务合作的拓展。三是谋划"规模农户"与农民合作社的服务合作，促进规模化的家庭农场与农民合作社开展多元化、全方位、市场化的社会化服务，以两者互促发展提高整体农业经营组织在要素和产品市场的抗衡力量。

参考文献

[1] Abadie A, Imbens G W. Matching on the estimated propensity score [J]. Econometrica, 2016, 84 (2): 781-807.

[2] Adamopoulos T, Restuccia D. The size distribution of farms and international productivity differences [J]. American Economic Review, 2014, 104 (6): 1667-1697.

[3] Adu-Baffour F, Daum T, Birner R. Can small farms benefit from big companies' initiatives to promote mechanization in Africa? A case study from Zambia [J]. Food Policy, 2019 (84): 133-145.

[4] Aigner D, Lovell C K, Schmidt P. Formulation and estimation of stochastic frontier production function models [J]. Journal of Econometrics, 1977, 6 (1): 21-37.

[5] Artz G M, Naeve L. The benefits and challenges of machinery sharing among small-scale fruit and vegetable growers [J]. Journal of Agriculture, Food Systems, and Community Development, 2016, 6 (3): 19.

[6] Banker R D, Charnes A, Cooper W W. Some models for estimating technical and scale inefficiencies in data envelopment analysis [J]. Management Science, 1984, 30 (9): 1078-1092.

[7] Baranyai Z, Szabó G G, Vásáry M. Analysis of machine use in Hunga-

rian agriculture-is there any future for machinery sharing arrangements? [J]. Roczniki (Annals), 2014, 2014 (1230-2016-99318).

[8] Barrett C B, Bellemare M F, Hou J Y. Reconsidering conventional explanations of the inverse productivity-size relationship [J]. World Development, 2010, 38 (1): 88-97.

[9] Battese G E, Corra G S. Estimation of a production frontier model: With application to the pastoral zone of Eastern Australia [J]. Australian Journal of Agricultural Economics, 1977, 21 (3): 169-179.

[10] Bignebat C, Piot-Lepetit I. Transaction costs and the market access in Sub-Saharan Africa: The case of maize [R]. International Association of Agricultural Economists, 2015.

[11] Charnes A, Cooper W W, Rhodes E. Measuring the efficiency of decision making units [J]. European Journal of Operational Research, 1978, 2 (6): 429-444.

[12] Christensen L R, Jorgenson D W, Lau L J. Transcendental logarithmic production frontiers [J]. The Review of Economics and Statistics, 1973 (1): 28-45.

[13] Chung Y H, Färe R, Grosskopf S. Productivity and undesirable outputs: A directional distance function approach [J]. Journal of Environmental Management, 1997, 51 (3): 229-240.

[14] Fama E F. Agency problems and the theory of the firm [J]. Journal of Political Economy, 1980, 88 (2): 288-307.

[15] Färe R, Grosskopf S. A comment on weak disposability in nonparametric production analysis [J]. American Journal of Agricultural Economics, 2009, 91 (2): 535-538.

[16] Farrell M J. The measurement of productive efficiency [J]. Journal of the Royal Statistical Society: Series A (General), 1957, 120 (3): 253-281.

[17] Feder G. The relation between farm size and farm productivity: The role

of family labor, supervision and credit constraints [J]. Journal of Development Economics, 1985, 18 (2-3): 297-313.

[18] Foster A D, Rosenzweig M R. Are there too many farms in the world? Labor-market transaction costs, machine capacities and optimal farm size [R]. National Bureau of Economic Research, 2017.

[19] Gautam M, Ahmed M. Too small to be beautiful? The farm size and productivity relationship in Bangladesh [J]. Food Policy, 2019 (84): 165-175.

[20] Gong B. Agricultural reforms and production in China: Changes in provincial production function and productivity in 1978-2015 [J]. Journal of Development Economics, 2018, 132 (1): 18-31.

[21] Gong B. Agricultural productivity convergence in China [J]. China Economic Review, 2020 (60): 101423.

[22] Graeub B E, Chappell M J, Wittman H, et al. The state of family farms in the world [J]. World Development, 2016 (87): 1-15.

[23] Heltberg R. Rural market imperfections and the farm size-productivity relationship: Evidence from Pakistan [J]. World Development, 1998, 26 (10): 1807-1826.

[24] Holmstrom B, Milgrom P. Multitask principal-agent analyses: Incentive contracts, asset ownership, and job design [J]. JL Econ & Org, 1991 (7): 24.

[25] Jin S, Ma H, Huang J, et al. Productivity, efficiency and technical change: Measuring the performance of China's transforming agriculture [J]. Journal of Productivity Analysis, 2010, 33 (3): 191-207.

[26] Johnson N L, Ruttan V W. Why are farms so small? [J]. World Development, 1994, 22 (5): 691-706.

[27] Key N. Farm size and productivity growth in the United States corn belt [J]. Food Policy, 2019 (84): 186-195.

[28] Lagerkvist C J, Hansson H. Machinery-sharing in the presence of strate-

gic uncertainty: Evidence from Sweden [J]. Agricultural Economics, 2012 (43): 113-123.

[29] Lamb R L. Inverse productivity: Land quality, labor markets, and measurement error [J]. Journal of Development Economics, 2003, 71 (1): 71-95.

[30] Larsén K. Effects of machinery-sharing arrangements on farm efficiency: Evidence from Sweden [J]. Agricultural Economics, 2010, 41 (5): 497-506.

[31] Leibenstein H. Allocative efficiency vs. "X-efficiency" [J]. The American Economic Review, 1966, 56 (3): 392-415.

[32] Lin J Y. Rural reforms and agricultural growth in China [J]. The American Economic Review, 1992 (1): 34-51.

[33] Lowder S K, Skoet J, Raney T. The number, size, and distribution of farms, smallholder farms, and family farms worldwide [J]. World Development, 2016 (87): 16-29.

[34] Malmquist S. Index numbers and indifference surfaces [J]. Trabajos de Estadística, 1953, 4 (2): 209-242.

[35] Meeusen W, van Den Broeck J. Efficiency estimation from Cobb-douglas production functions with composed error [J]. International Economic Review, 1977 (1): 435-444.

[36] Mi Q, Li X, Gao J. How to improve the welfare of smallholders through agricultural production outsourcing: Evidence from cotton farmers in Xinjiang, Northwest China [J]. Journal of Cleaner Production, 2020 (256): 120636.

[37] Nguyen G, Brailly J, Purseigle F. Strategic outsourcing and precision agriculture: Towards a silent reorganization of agricultural production in France? [Z]. 2020.

[38] Paul C, Nehring R, Banker D, et al. Scale economies and efficiency in US agriculture: Are traditional farms history? [J]. Journal of Productivity Analysis, 2004, 22 (3): 185-205.

[39] Picazo Tadeo A J, Reig Martínez E. Outsourcing and efficiency: The case of Spanish citrus farming [J]. Agricultural Economics, 2006, 35 (2): 213-222.

[40] Po-Chi C, Ming-Miin Y U, Chang C, et al. Total factor productivity growth in China's agricultural sector [J]. China Economic Review, 2008, 19 (4): 580-593.

[41] Qing Y, Chen M, Sheng Y, et al. Mechanization services, farm productivity and institutional innovation in China [J]. China Agricultural Economic Review, 2019 (1): 536-554.

[42] Rada N E, Fuglie K O. New perspectives on farm size and productivity [J]. Food Policy, 2019 (84): 147-152.

[43] Sen A K. An aspect of Indian agriculture [J]. Economic Weekly, 1962, 14 (4-6): 243-246.

[44] Shen Z, Baležentis T, Chen X, et al. Green growth and structural change in Chinese agricultural sector during 1997-2014 [J]. China Economic Review, 2018 (51): 83-96.

[45] Shen Z, Baležentis T, Ferrier G D. Agricultural productivity evolution in China: A generalized decomposition of the Luenberger–Hicks–Moorsteen productivity indicator [J]. China Economic Review, 2019 (57): 101315.

[46] Sheng Y, Chancellor W. Exploring the relationship between farm size and productivity: Evidence from the Australian grains industry [J]. Food Policy, 2019 (84): 196-204.

[47] Sheng Y, Ding J, Huang J. The relationship between farm size and productivity in agriculture: Evidence from maize production in Northern China [J]. American Journal of Agricultural Economics, 2019, 101 (3): 790-806.

[48] Tone K. A slacks-based measure of efficiency in data envelopment analysis [J]. European Journal of Operational Research, 2001, 130 (3): 498-509.

[49] Tone K, Tsutsui M. Dynamic DEA: A slacks-based measure approach

[J]. Omega, 2010, 38 (3-4): 145-156.

[50] Valentinov V. Why are cooperatives important in agriculture? An organizational economics perspective [J]. Journal of Institutional Economics, 2007, 3 (1): 55-69.

[51] Vernimmen T, Verbeke W, Van Huylenbroeck G. Transaction cost analysis of outsourcing farm administration by Belgian farmers [J]. European Review of Agricultural Economics, 2000, 27 (3): 325-345.

[52] Wang S L, Huang J, Wang X, et al. Are China's regional agricultural productivities converging: How and why? [J]. Food Policy, 2019 (86):101727.

[53] Yu C, Wenxin L, Khan S U, et al. Regional differential decomposition and convergence of rural green development efficiency: Evidence from China [J]. Environmental Science and Pollution Research, 2020, 27 (18): 22364-22379.

[54] Zhang X, Yang J, Thomas R. Mechanization outsourcing clusters and division of labor in Chinese agriculture [J]. China Economic Review, 2017 (43): 184-195.

[55] Zhou L I, Zhang H. Productivity growth in China's agriculture during 1985-2010 [J]. Journal of Integrative Agriculture, 2013, 12 (10): 1896-1904.

[56] 蔡昉, 王美艳. 从穷人经济到规模经济——发展阶段变化对中国农业提出的挑战 [J]. 经济研究, 2016, 51 (5): 14-26.

[57] 蔡荣, 蔡书凯. 农业生产环节外包实证研究——基于安徽省水稻主产区的调查 [J]. 农业技术经济, 2014 (4): 34-42.

[58] 蔡跃洲, 付一夫. 全要素生产率增长中的技术效应与结构效应——基于中国宏观和产业数据的测算及分解 [J]. 经济研究, 2017, 52 (1): 72-88.

[59] 曹俊杰. 新中国成立 70 年农业现代化理论政策和实践的演变 [J]. 中州学刊, 2019 (7): 38-45.

[60] 陈超, 陈亭, 翟乾乾. 不同生产组织模式下农户技术效率研

究——基于江苏省桃农的调研数据［J］. 华中农业大学学报（社会科学版），2018（1）：31-37.

［61］陈超，李寅秋，廖西元. 水稻生产环节外包的生产率效应分析——基于江苏省三县的面板数据［J］. 中国农村经济，2012（2）：86-96.

［62］陈明，李文秀. 生产服务业开放对中国农业生产率的影响［J］. 华南农业大学学报（社会科学版），2018，17（5）：12-23.

［63］陈品，孙顶强，钟甫宁. 劳动力短缺背景下农时延误、产量损失与外包服务利用影响［J］. 现代经济探讨，2018（8）：112-118.

［64］陈强. 高级计量经济学及Stata应用（第二版）［M］. 北京：高等教育出版社，2014.

［65］陈诗波，王亚静. 循环农业生产技术效率外生性决定因素分析［J］. 中国人口·资源与环境，2009，19（4）：82-87.

［66］陈诗一. 能源消耗、二氧化碳排放与中国工业的可持续发展［J］. 经济研究，2009，44（4）：41-55.

［67］陈卫平. 中国农业生产率增长、技术进步与效率变化：1990~2003年［J］. 中国农村观察，2006（1）：18-23.

［68］成德宁，汪浩，黄杨. "互联网+农业"背景下我国农业产业链的改造与升级［J］. 农村经济，2017（5）：52-57.

［69］程申. 农户土地经营规模与粮食生产率的关系［D］. 中国农业大学，2019.

［70］董欢，郭晓鸣. 生产性服务与传统农业：改造抑或延续——基于四川省501份农户家庭问卷的实证分析［J］. 经济学家，2014（6）：84-90.

［71］董志勇，李成明. 新中国70年农业经营体制改革历程、基本经验与政策走向［J］. 改革，2019（10）：5-15.

［72］段成荣，马学阳. 当前我国新生代农民工的"新"状况［J］. 人口与经济，2011（4）：16-22.

［73］段培，王礼力，陈绳栋，等. 粮食种植户生产环节外包选择行为

分析 [J]. 西北农林科技大学学报（社会科学版），2017，17（5）：65-72.

[74] 段文斌，尹向飞. 中国全要素生产率研究评述 [J]. 南开经济研究，2009（2）：130-140.

[75] 樊志全. 中国共产党关于土地确权的理论与实践 [J]. 华北国土资源，2012（5）：4-10.

[76] 范建双，虞晓芬，赵磊. 中国国有、私营和外资工业企业地区间效率差异研究 [J]. 数量经济技术经济研究，2015，32（6）：21-38.

[77] 范丽霞，李谷成. 全要素生产率及其在农业领域的研究进展 [J]. 当代经济科学，2012，34（1）：109-119.

[78] 方颖，赵扬. 寻找制度的工具变量：估计产权保护对中国经济增长的贡献 [J]. 经济研究，2011，46（5）：138-148.

[79] 冯根福. 双重委托代理理论：上市公司治理的另一种分析框架——兼论进一步完善中国上市公司治理的新思路 [J]. 经济研究，2004（12）：16-25.

[80] 高帆. 中国经济发展中的粮食增产与农民增收：一致抑或冲突 [J]. 经济科学，2005（2）：5-17.

[81] 高帆. 我国区域农业全要素生产率的演变趋势与影响因素——基于省际面板数据的实证分析 [J]. 数量经济技术经济研究，2015，32（5）：3-19.

[82] 高梦滔，张颖. 小农户更有效率？——八省农村的经验证据 [J]. 统计研究，2006（8）：21-26.

[83] 高鸣. 脱钩收入补贴对小麦生产率有影响吗？——基于农户的微观证据 [J]. 中国农村经济，2017（11）：47-61.

[84] 高鸣，陈秋红. 贸易开放、经济增长、人力资本与碳排放绩效——来自中国农业的证据 [J]. 农业技术经济，2014（11）：101-110.

[85] 高鸣，宋洪远，Carter Michael. 粮食直接补贴对不同经营规模农户小麦生产率的影响——基于全国农村固定观察点农户数据 [J]. 中国农村经

济, 2016 (8): 56-69.

[86] 高强, 刘同山, 孔祥智. 家庭农场的制度解析: 特征、发生机制与效应 [J]. 经济学家, 2013 (6): 48-56.

[87] 高思涵, 吴海涛. 典型家庭农场组织化程度对生产效率的影响分析 [J]. 农业经济问题, 2021 (3): 88-99.

[88] 高啸, 张新文, 戴芬园. 家庭经营模式创新与农业现代化的路径选择——基于联耕联种和按户连片实践的思考 [J]. 农村经济, 2019 (2): 102-109.

[89] 高欣, 张安录. 农地流转、农户兼业程度与生产效率的关系 [J]. 中国人口·资源与环境, 2017, 27 (5): 121-128.

[90] 葛鹏飞, 王颂吉, 黄秀路. 中国农业绿色全要素生产率测算 [J]. 中国人口·资源与环境, 2018, 28 (5): 66-74.

[91] 龚道广. 农业社会化服务的一般理论及其对农户选择的应用分析 [J]. 中国农村观察, 2000 (6): 25-34.

[92] 郭利京, 仇焕广. 合作社再联合如何改变农业产业链契约治理 [J]. 农业技术经济, 2020 (10): 103-114.

[93] 郭庆海. 小农户: 属性、类型、经营状态及其与现代农业衔接 [J]. 农业经济问题, 2018 (6): 25-37.

[94] 郭庆旺, 贾俊雪. 中国全要素生产率的估算: 1979—2004 [J]. 经济研究, 2005 (6): 51-60.

[95] 郭熙保, 苏甫. 速水佑次郎对农业与发展经济学的贡献 [J]. 经济学动态, 2013 (3): 101-108.

[96] 郭晔, 黄振, 姚若琪. 战略投资者选择与银行效率——来自城商行的经验证据 [J]. 经济研究, 2020, 55 (1): 181-197.

[97] 韩朝华. 个体农户和农业规模化经营: 家庭农场理论评述 [J]. 经济研究, 2017, 52 (7): 184-199.

[98] 郝爱民. 农业生产性服务对农业技术进步贡献的影响 [J]. 华南农

业大学学报（社会科学版），2015，14（1）：8-15.

[99] 郝一帆，王征兵．生产性服务业能提升中国农业全要素生产率吗？[J]．学习与实践，2018（9）：39-50.

[100] 何雄浪．基于新兴古典经济学、交易成本经济学的产业集群演进机理探析 [J]．南开经济研究，2006（3）：129-144.

[101] 何秀荣．关于我国农业经营规模的思考 [J]．农业经济问题，2016，37（9）：4-15.

[102] 胡胜德，金喜在．论家庭经营在农村合作经济发展中的基础地位 [J]．东北师大学报，2003（2）：43-48.

[103] 胡新艳，朱文珏，刘恺．交易特性、生产特性与农业生产环节可分工性——基于专家问卷的分析 [J]．农业技术经济，2015（11）：14-23.

[104] 胡祎，张正河．农机服务对小麦生产技术效率有影响吗？[J]．中国农村经济，2018（5）：68-83.

[105] 胡逸文，霍学喜．农户禀赋对粮食生产技术效率的影响分析——基于河南农户粮食生产数据的实证 [J]．经济经纬，2016，33（2）：42-47.

[106] 黄花．中国共产党农村土地政策的历史变迁及展望 [J]．中南大学学报（社会科学版），2011，17（5）：141-147.

[107] 黄茂兴，叶琪．新中国70年农村经济发展：历史演变、发展规律与经验启示 [J]．数量经济技术经济研究，2019，36（11）：3-21.

[108] 黄少安，孙圣民，宫明波．中国土地产权制度对农业经济增长的影响——对1949~1978年中国大陆农业生产效率的实证分析 [J]．中国社会科学，2005（3）：38-47.

[109] 黄宗智．华北的小农经济与社会变迁 [M]．北京：中华书局，2000.

[110] 黄宗智．长江三角洲小农家庭与乡村发展 [M]．北京：中华书局，2000.

[111] 黄宗智．"家庭农场"是中国农业的发展出路吗？[J]．开放时代，2014（2）：176-194.

[112] 黄祖辉, 王建英, 陈志钢. 非农就业、土地流转与土地细碎化对稻农技术效率的影响 [J]. 中国农村经济, 2014 (11): 4-16.

[113] 纪良纲, 刘东英. 农村市场中介组织: 国内研究述评 [J]. 经济学家, 2008 (4): 87-93.

[114] 冀名峰, 李琳. 农业生产托管: 农业服务规模经营的主要形式 [J]. 农业经济问题, 2020 (1): 68-75.

[115] 江雪萍. 农业分工: 生产环节的可外包性——基于专家问卷的测度模型 [J]. 南方经济, 2014 (12): 96-104.

[116] 姜长云. 农户家庭经营与发展现代农业 [J]. 江淮论坛, 2013 (6): 75-80.

[117] 姜长云. 论农业生产托管服务发展的四大关系 [J]. 农业经济问题, 2020 (9): 55-63.

[118] 蒋永穆, 卢洋, 张晓磊. 新中国成立70年来中国特色农业现代化内涵演进特征探析 [J]. 当代经济研究, 2019 (8): 9-18.

[119] 康晨, 刘家成, 徐志刚. 农业生产外包服务对农村土地流转租金的影响 [J]. 中国农村经济, 2020 (9): 105-123.

[120] 孔祥智, 徐珍源, 史冰清. 当前我国农业社会化服务体系的现状、问题和对策研究 [J]. 江汉论坛, 2009 (5): 13-18.

[121] 孔祥智, 张琛, 张效榕. 要素禀赋变化与农业资本有机构成提高——对1978年以来中国农业发展路径的解释 [J]. 管理世界, 2018, 34 (10): 147-160.

[122] 匡远凤. 技术效率、技术进步、要素积累与中国农业经济增长——基于SFA的经验分析 [J]. 数量经济技术经济研究, 2012, 29 (1): 3-18.

[123] 匡远配, 陆钰凤. 我国农地流转"内卷化"陷阱及其出路 [J]. 农业经济问题, 2018 (9): 33-43.

[124] 李秉龙, 薛兴利. 农业经济学（第2版）[M]. 北京: 中国农业

大学出版社，2009.

[125] 李谷成. 论农户家庭经营在乡村振兴中的基础性地位 [J]. 华中农业大学学报（社会科学版），2021（1）：43-48.

[126] 李谷成. 转型期中国农业单要素生产率变化及资源利用特征 [J]. 经济问题探索，2009（5）：28-34.

[127] 李谷成. 技术效率、技术进步与中国农业生产率增长 [J]. 经济评论，2009（1）：60-68.

[128] 李谷成，范丽霞，闵锐. 资源、环境与农业发展的协调性——基于环境规制的省级农业环境效率排名 [J]. 数量经济技术经济研究，2011，28（10）：21-36.

[129] 李谷成，冯中朝. 中国农业全要素生产率增长：技术推进抑或效率驱动——一项基于随机前沿生产函数的行业比较研究 [J]. 农业技术经济，2010（5）：4-14.

[130] 李谷成，冯中朝，范丽霞. 农户家庭经营技术效率与全要素生产率增长分解（1999—2003年）——基于随机前沿生产函数与来自湖北省农户的微观证据 [J]. 数量经济技术经济研究，2007（8）：25-34.

[131] 李谷成，冯中朝，占绍文. 家庭禀赋对农户家庭经营技术效率的影响冲击——基于湖北省农户的随机前沿生产函数实证 [J]. 统计研究，2008（1）：35-42.

[132] 李谷成，李崇光. 十字路口的农户家庭经营：何去何从 [J]. 经济学家，2012（1）：55-63.

[133] 李桦，姚顺波，刘璨，等. 新一轮林权改革背景下南方林区不同商品林经营农户农业生产技术效率实证分析——以福建、江西为例 [J]. 农业技术经济，2015（3）：108-120.

[134] 李建华，郭青. 新生代农民工特点分析与政策建议 [J]. 农业经济问题，2011，32（3）：42-45.

[135] 李廉水，周勇. 技术进步能提高能源效率吗？——基于中国工业

部门的实证检验［J］．管理世界，2006（10）：82-89．

［136］李宁，汪险生，王舒娟，等．自购还是外包：农地确权如何影响农户的农业机械化选择？［J］．中国农村经济，2019（6）：54-75．

［137］李琴，杨松涛，张同龙．社会保障能够替代土地保障吗——基于新农保对土地租出意愿租金的影响研究［J］．经济理论与经济管理，2019（7）：61-74．

［138］李心丹，朱洪亮，张兵，等．基于DEA的上市公司并购效率研究［J］．经济研究，2003（10）：15-24．

［139］廖西元，申红芳，王志刚．中国特色农业规模经营"三步走"战略——从"生产环节流转"到"经营权流转"再到"承包权流转"［J］．农业经济问题，2011，35（12）：15-22．

［140］林俊瑛．农户生产外包的选择及对生产效率和收入的影响研究［D］．浙江大学，2019．

［141］林文声，王志刚，王美阳．农地确权、要素配置与农业生产效率——基于中国劳动力动态调查的实证分析［J］．中国农村经济，2018（8）：64-82．

［142］林毅夫．制度、技术与中国农业发展［M］．上海：上海人民出版社，2014．

［143］林毅夫，余淼杰．我国价格剪刀差的政治经济学分析：理论模型与计量实证［J］．经济研究，2009，44（1）：42-56．

［144］林政．对农业家庭经营组织的辩证思考［J］．经济问题，2004（10）：40-42．

［145］刘汉成，关江华．适度规模经营背景下农村土地流转研究［J］．农业经济问题，2019（8）：59-64．

［146］刘家成，钟甫宁，徐志刚，等．劳动分工视角下农户生产环节外包行为异质性与成因［J］．农业技术经济，2019（7）：4-14．

［147］刘明辉，卢飞，刘灿．土地流转行为、农业机械化服务与农户农

业增收——基于 CFPS2016 数据的经验分析［J］．南京社会科学，2019（2）：26-33.

［148］刘启明．中国家庭经营的现实特征与发展趋势［J］．西北农林科技大学学报（社会科学版），2019，19（3）：87-95.

［149］刘森挥，曹建民，张越杰．农户组织模式与其技术效率的关系——一个考虑样本异质性的分析［J］．农业技术经济，2019（12）：68-79.

［150］刘守英．中国土地问题调查：土地权利的底层视角［M］．北京：北京大学出版社，2017.

［151］刘余，周应恒．粮地租金变动对种粮行为调整的影响［J］．华南农业大学学报（社会科学版），2021，20（3）：85-96.

［152］卢华，胡浩，傅顺．农地产权、非农就业风险与农业技术效率［J］．财贸研究，2016，27（5）：75-82.

［153］卢艳，刘治国，刘培林．中国区域经济增长方式比较研究：1978~2005［J］．数量经济技术经济研究，2008（7）：54-66.

［154］罗必良．农业共营制：新型农业经营体系的探索与启示［J］．社会科学家，2015（5）：7-12.

［155］罗必良．论服务规模经营——从纵向分工到横向分工及连片专业化［J］．中国农村经济，2017（11）：2-16.

［156］罗必良．农地确权、交易含义与农业经营方式转型——科斯定理拓展与案例研究［J］．中国农村经济，2016（11）：2-16.

［157］罗必良．小农经营、功能转换与策略选择——兼论小农户与现代农业融合发展的"第三条道路"［J］．农业经济问题，2020（1）：29-47.

［158］罗必良．中国农业经营制度：立场、线索与取向［J］．农林经济管理学报，2020，19（3）：261-270.

［159］罗必良．论农业分工的有限性及其政策含义［J］．贵州社会科学，2008（1）：80-87.

［160］马晓河．中国农村 50 年：农业集体化道路与制度变迁［J］．当代

中国史研究，1999（Z1）：70-87.

[161] 毛飞，孔祥智．中国农业现代化总体态势和未来取向［J］．改革，2012（10）：9-21.

[162] 莫志宏，沈蕾．全要素生产率单要素生产率与经济增长［J］．北京工业大学学报（社会科学版），2005（4）：29-32.

[163] 聂辉华．新兴古典分工理论与欠发达区域的分工抉择［J］．经济科学，2002（3）：112-120.

[164] 庞春．一体化、外包与经济演进：超边际—新兴古典一般均衡分析［J］．经济研究，2010，45（3）：114-128.

[165] 钱克明，彭廷军．我国农户粮食生产适度规模的经济学分析［J］．农业经济问题，2014，35（3）：4-7.

[166] 钱龙．生产性服务业发展与服务业生产率提升研究——基于产业互动的视角［J］．山西财经大学学报，2018，40（1）：39-53.

[167] 钱忠好．家庭经营——目前中国农业生产组织与制度创新应坚持的合理内核——与唐敏同志商榷［J］．农业经济问题，1998（8）：38-42.

[168] 钱忠好，李友艺．家庭农场的效率及其决定——基于上海松江943户家庭农场2017年数据的实证研究［J］．管理世界，2020，36（4）：168-181.

[169] 秦天，彭珏，邓宗兵．中国区域农业生产性服务业发展差异及驱动因素研究［J］．产业经济评论，2018（6）：63-75.

[170] 邱海兰，唐超．农业生产性服务能否促进农民收入增长［J］．广东财经大学学报，2019，34（5）：100-112.

[171] 邱海平．马克思的生产社会化理论与分工的二元发展［J］．社会科学研究，2004（2）：16-19.

[172] 屈小博．不同规模农户生产技术效率差异及其影响因素分析——基于超越对数随机前沿生产函数与农户微观数据［J］．南京农业大学学报（社会科学版），2009，9（3）：27-35.

[173] 全炯振. 中国农业全要素生产率增长的实证分析：1978～2007年——基于随机前沿分析（SFA）方法 [J]. 中国农村经济，2009（9）：36-47.

[174] 仇童伟. "U"形农业规模经济性的成因：基于农业生产性服务差异化定价的解释 [J]. 新疆农垦经济，2019（7）：1-16.

[175] 仇童伟，罗必良. 市场容量、交易密度与农业服务规模决定 [J]. 南方经济，2018（5）：32-47.

[176] 苏昕，王可山，张淑敏. 我国家庭农场发展及其规模探讨——基于资源禀赋视角 [J]. 农业经济问题，2014，35（5）：8-14.

[177] 速水佑次郎，弗农·拉坦. 农业发展的国际分析（修订扩充版）[M]. 北京：中国社会科学出版社，2000.

[178] 孙庆忠. 农业文化的生态属性与乡土社会的文化格局 [J]. 农业考古，2009（4）：110-116.

[179] 陶长琪，王志平. 随机前沿方法的研究进展与展望 [J]. 数量经济技术经济研究，2011，28（11）：148-161.

[180] 田伟，柳思维. 中国农业技术效率的地区差异及收敛性分析——基于随机前沿分析方法 [J]. 农业经济问题，2012，33（12）：11-18.

[181] 王锋. 制度变迁与我国农业现代化的实现 [J]. 经济学家，2015（7）：65-71.

[182] 王国刚，刘合光，钱静斐，等. 中国农业生产经营主体变迁及其影响效应 [J]. 地理研究，2017，36（6）：1081-1090.

[183] 王海文. 90年来党的农村土地政策发展演变与启示 [J]. 中州学刊，2011（5）：1-6.

[184] 王洪清，祁春节. 家庭经营体制的历史变迁、规模效率及其下一步 [J]. 改革，2013（4）：91-97.

[185] 王珏，宋文飞，韩先锋. 中国地区农业全要素生产率及其影响因素的空间计量分析——基于1992～2007年省域空间面板数据 [J]. 中国农村

经济，2010（8）：24-35.

[186] 王凯，韩纪琴．农业产业链管理初探［J］．中国农村经济，2002（5）：9-12.

[187] 王立明，刘丽文．外包的起源、发展及研究现状综述［J］．科学学与科学技术管理，2007（3）：151-156.

[188] 王奇，王会，陈海丹．中国农业绿色全要素生产率变化研究：1992~2010年［J］．经济评论，2012（5）：24-33.

[189] 王小华，温涛．农民收入"超常规增长"的理论依据、积累效果与政策启示［J］．西南大学学报（社会科学版），2016，42（1）：55-63.

[190] 王瑶．斯密定理和规模经济——试论马歇尔冲突是一伪命题［J］．经济学动态，2011（5）：145-150.

[191] 王玉斌，李乾．农业生产性服务、粮食增产与农民增收——基于CHIP数据的实证分析［J］．财经科学，2019（3）：92-104.

[192] 王志刚，申红芳，廖西元．农业规模经营：从生产环节外包开始——以水稻为例［J］．中国农村经济，2011（9）：4-12.

[193] 王子成．农村劳动力外出降低了农业效率吗？［J］．统计研究，2015，32（3）：54-61.

[194] 魏后凯．中国农业发展的结构性矛盾及其政策转型［J］．中国农村经济，2017（5）：2-17.

[195] 魏后凯．推动形成农业社会化服务新格局［J］．中国果业信息，2020，37（11）：2.

[196] 温铁军，董筱丹，石嫣．中国农业发展方向的转变和政策导向：基于国际比较研究的视角［J］．农业经济问题，2010，31（10）：88-94.

[197] 伍山林．交易费用定义比较研究［J］．学术月刊，2000（8）：8-12.

[198] 谢玲红．"十四五"时期农村劳动力就业：形势展望、结构预测和对策思路［J］．农业经济问题，2021（3）：28-39.

[199] 徐翠萍,史清华,Wang Holly.税费改革对农户收入增长的影响:实证与解释——以长三角15村跟踪观察农户为例[J].中国农村经济,2009(2):22-33.

[200] 徐旭初,金建东.联合社何以可能——基于典型个案的实践逻辑研究[J].农业经济问题,2021(1):107-120.

[201] 杨丹.市场竞争结构、农业社会化服务供给与农户福利改善[J].经济学动态,2019(4):63-79.

[202] 杨丹,刘自敏.农户专用性投资、农社关系与合作社增收效应[J].中国农村经济,2017(5):45-57.

[203] 杨骞,王珏,李超,等.中国农业绿色全要素生产率的空间分异及其驱动因素[J].数量经济技术经济研究,2019,36(10):21-37.

[204] 杨小凯,张永生.新兴古典发展经济学导论[J].经济研究,1999(7):67-77.

[205] 杨志海.生产环节外包改善了农户福利吗?——来自长江流域水稻种植农户的证据[J].中国农村经济,2019(4):73-91.

[206] 杨子,饶芳萍,诸培新.农业社会化服务对土地规模经营的影响——基于农户土地转入视角的实证分析[J].中国农村经济,2019(3):82-95.

[207] 叶敬忠,蒋燕,许惠娇.乡村振兴背景下基层科协与农技协的现实困境和发展思考[J].农业经济问题,2021(2):75-83.

[208] 叶兴庆.我国农业经营体制的40年演变与未来走向[J].农业经济问题,2018(6):8-17.

[209] 尹庆民,朱康宁.基于EBM模型的长江经济带工业用水效率时空差异及影响因素分析[J].中国环境管理,2020,12(6):103-109.

[210] 尤小文.农户:一个概念的探讨[J].中国农村观察,1999(5):19-21.

[211] 苑鹏.推动小农户与现代农业有机衔接[J].红旗文稿,2021

（2）：23-26.

[212] 张聪颖，畅倩，霍学喜．适度规模经营能够降低农产品生产成本吗——基于陕西661个苹果户的实证检验［J］．农业技术经济，2018（10）：26-35.

[213] 张德元，宫天辰，崔宝玉．小农户家庭禀赋对农业经营技术效率的影响［J］．西北农林科技大学学报（社会科学版），2015，15（5）：41-47.

[214] 张海鹏，曲婷婷．农地经营权流转与新型农业经营主体发展［J］．南京农业大学学报（社会科学版），2014，14（5）：70-75.

[215] 张海鑫，杨钢桥．耕地细碎化及其对粮食生产技术效率的影响——基于超越对数随机前沿生产函数与农户微观数据［J］．资源科学，2012，34（5）：903-910.

[216] 张红宇．中国现代农业经营体系的制度特征与发展取向［J］．中国农村经济，2018（1）：23-33.

[217] 张红宇．农业生产性服务业的历史机遇［J］．农业经济问题，2019（6）：4-9.

[218] 张荐华，高军．发展农业生产性服务业会缩小城乡居民收入差距吗？——基于空间溢出和门槛特征的实证检验［J］．西部论坛，2019，29（1）：45-54.

[219] 张强强，霍学喜，刘军弟．苹果种植户生产环节外包行为研究——基于陕、甘、鲁三省960户调查数据［J］．华中农业大学学报（社会科学版），2018（2）：28-36.

[220] 张强强，闫贝贝，霍学喜，等．苹果种植户生产环节外包行为研究——基于Heckman样本选择模型的实证分析［J］．干旱区资源与环境，2019，33（1）：72-76.

[221] 张同龙，张林秀．我国农地不平等的演进：事实和动力——基于全国代表性农户调查数据的初步结果［J］．农业经济问题，2019（11）：

15-24.

[222] 张晓山. 推动乡村产业振兴的供给侧结构性改革研究 [J]. 财经问题研究, 2019 (1): 114-121.

[223] 张忠军, 易中懿. 农业生产性服务外包对水稻生产率的影响研究——基于358个农户的实证分析 [J]. 农业经济问题, 2015, 36 (10): 69-76.

[224] 张忠明, 钱文荣. 农户土地经营规模与粮食生产效率关系实证研究 [J]. 中国土地科学, 2010, 24 (8): 52-58.

[225] 郑小碧, 庞春, 刘俊哲. 数字经济时代的外包转型与经济高质量发展——分工演进的超边际分析 [J]. 中国工业经济, 2020 (7): 117-135.

[226] 周端明. 技术进步、技术效率与中国农业生产率增长——基于DEA的实证分析 [J]. 数量经济技术经济研究, 2009, 26 (12): 70-82.

[227] 周京奎, 王文波, 龚明远, 等. 农地流转、职业分层与减贫效应 [J]. 经济研究, 2020, 55 (6): 155-171.

[228] 周绍东. "互联网+" 推动的农业生产方式变革——基于马克思主义政治经济学视角的探究 [J]. 中国农村观察, 2016 (6): 75-85.

[229] 周应恒, 刘余. 中国农业发展大趋势与新三农发展路径 [J]. 现代经济探讨, 2017 (4): 32-37.

[230] 周应恒, 张蓬, 严斌剑. 农机购置补贴政策促进了农机行业的技术创新吗? [J]. 农林经济管理学报, 2016, 15 (5): 489-499.

[231] 周月书, 王婕. 产业链组织形式、市场势力与农业产业链融资——基于江苏省397户规模农户的实证分析 [J]. 中国农村经济, 2017 (4): 46-58.

[232] 周振, 孔祥智. 新中国70年农业经营体制的历史变迁与政策启示 [J]. 管理世界, 2019, 35 (10): 24-38.

[233] 朱启臻, 陈倩玉. 农业特性的社会学思考 [J]. 中国农业大学学报 (社会科学版), 2008 (1): 68-75.

[234] 朱启臻，胡鹏辉，许汉泽. 论家庭农场：优势、条件与规模 [J]. 农业经济问题，2014，35（7）：11-17.

[235] 朱文珏，罗必良. 农地流转、禀赋效应及对象歧视性——基于确权背景下的 IV-Tobit 模型的实证分析 [J]. 农业技术经济，2019（5）：4-15.

[236] 朱喜，史清华，盖庆恩. 要素配置扭曲与农业全要素生产率 [J]. 经济研究，2011，46（5）：86-98.

[237] 朱勇. 分工与经济增长 [J]. 经济科学，1998（6）：98-103.

[238] 曾雅婷，吕亚荣，刘文勇. 农地流转提升了粮食生产技术效率吗——来自农户的视角 [J]. 农业技术经济，2018（3）：41-55.

后　记

卡尔·马克思曾说过："在科学的道路上没有平坦的大路可走，只有在崎岖小路上不畏劳苦的人才有希望到达光辉的顶点。"本书是在我博士论文的基础上修改而成的，在写作过程中我得到了众多师长的指点和支持，亲朋的帮助和抚慰，在此对所有帮助过我的师友、亲朋致以真诚的谢意。

感谢授业恩师张应良教授。博士在读期间，每当我在学术研究上有所困惑而请教他时，他总能放下繁忙的工作，抽出专门的时间对我进行耐心的指导。在我论文写作不得章法时，他不仅能给出建设性的意见，而且会逐字逐句对文章进行批改，哪怕是一个标点符号。在我为了求学而心浮气躁时，他总是能对我进行耐心规劝，并且以他的经历和见识为我指明方向。他一直告诉我，做学术要安得下心，不能急功近利，只有这样才能日益精进。在遇到老师之前，我一直是一种"图快不求好，事情不重来"的性格，做事情也一直是马马虎虎。但是，现在的我无论面临多么复杂的事情，已然多了几分淡定和从容，也多了几分将事情一遍遍做好的坚韧和笃定，而这种心态的变化要感谢他对我的教诲和言传身教。无论是在学业中，还是在生活中，在过去的几年里，他都对我的成长给予了太多的帮助和指导，每当回想起师生间的点滴，崇敬之心和感念之情便不由地奔涌而来。

感谢戴思锐教授。如果不是有幸得到戴老师的指导，本书的完成可能还要历经更多的磨难。一次中午从学院回宿舍的路上偶然遇到戴老师，在交谈中他围绕当前中国农业发展所面临的主要困境与难题展开了一场别开生面的讲授，而这一次耳提面命让我充分认识到自己在农业经济领域研究的深度和宽度还相差甚远。在后来的交谈中，针对农业生产服务方式选择问题，我向戴老师进行了专门的请教。他从成本收益视角出发，从土地规模经济讲到服务规模经济，并且从国际视角对两者的优劣进行了讲解，这也为我完成本书提供了足够的信心，并且最终敲定了现有的题目。在题目选定后，面临的最大障碍是理论分析。在我与导师几次商讨而不得要领时，还是选择了求教戴老师。在向戴老师表达了困惑后，他当时并没有立马给出答复。大概在几个星期以后，也是在中午回宿舍的路上，他说可以从劳动分工和技术进步两个视角将现有的研究内容搭建起来。经过对传统自营、机械自营和外包经营三种农业生产服务方式形式的主要差异进行两两比较后，我发现传统自营和其他两种方式的差异主要体现在技术进步，而外包经营和其他两种方式的差异则主要体现在劳动分工，当我思考到这个层面时，突然对戴老师的答复心领神会，而困扰我最大的难题也迎刃而解了。

感谢既是博士同学又是同门的张建菲，在本书的完成过程中，她给予我许多建设性的意见，并且帮助我完成了许多琐碎的工作。感谢浙江大学社会科学研究基础平台提供的"中国家庭大数据库"支持，为我解决了数据难题。感谢我的同门博士师弟徐亚东、张禹书、陈博，博士师妹龚燕玲，硕士师弟王献芝、侍述强、张龙飞，硕士师妹苏钟萍、欧阳鑫、何欣星、程小娅、罗沁春、戴孟月，他们总是能够有条不紊地协调好师门的各项学术活动，为我们充分研讨提供了必要的保障。

最要感谢的是我的父母。在本书写作期间，鼓励我放平心态继续完成学业，并且宽慰我，无论读多久他们都会全力资助。感谢他们给予了我衣食无忧的生活，也给予了我勇往直前的底气。最后特别感谢我的妻子邹丹丹女士。在本书写作期间，她不仅能够及时地给出有价值的意见，还要一遍遍地对文章进行校对。几年下来，一个医学生不仅对规模经济、劳动分工等生僻的经济学术语了然于心，还能够对家庭农场、农民合作社等农业经营组织论及一二，而这一切都是她用心付出的结果。